RENSUKE OSHIKIRI PRESENTS

hi score girl

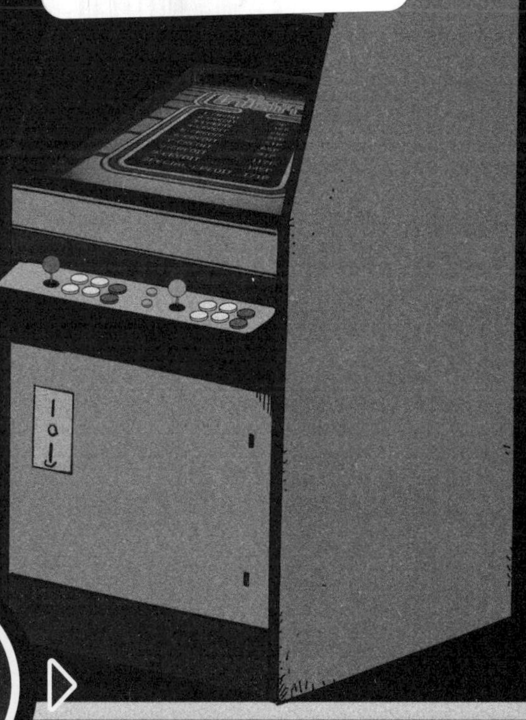

1

hi score girl
1-CREDIT 3P
2-CREDIT 15P
3-CREDIT 25P
4-CREDIT 35P
5-CREDIT 51P
6-CREDIT 65P
7-CREDIT 91P
8-CREDIT 117P
9-CREDIT 145P
SPECIAL-CREDIT ...171P

DER AUSBRUCH DES GOLFKRIEGS …
… UND IN NAGASAKI DER AUSBRUCH …
… DES UNZEN-DAKE.
1991: EIN JAHR, DAS DIE WELT ERSCHÜTTERTE.
DIE SPIELHALLE MARUMIYA.
ALL 50 ¥
STREET FIGHTER II
CAPCOM
SCHEISSE!! ICH HAB SCHON SIEBEN MAL GEGEN IHN VERLOREN …
… UND HAB DABEI DIE 500 YEN FÜRS ABENDESSEN AUSGEGEBEN!
ER HAT SCHON 27 SIEGE … WER ZUM TEUFEL IST DENN DAS?
チラリ
GLOTZ

1 CREDIT
DIE IST DOCH ...
... GENAU WIE ICH IN DER 6-2!
AKIRA ONO ...
AKIRA ...

DAS GIBT'S NICHT!
SIE WÜRDE DOCH NICHT AN SO EINEN ORT KOMMEN.
SIE LEBT IN EINER VÖLLIG ANDEREN WELT ALS ICH.
SIE HAT SUPER NOTEN, WIRD VON ALLEN BEWUNDERT UND HAT AUCH NOCH REICHE ELTERN!
SIE IST DOCH KEINE WIE ICH ...
... DIE IN VERQUALMTEN SPIELHALLEN IN GAMES VERSINKT!
IST SIE IRGENDWIE VERWIRRT UND HAT SICH IN DIESE WELT VERLAUFEN?!
UHH ...
DER 28. SIEG ... WAS FÜR'N MÄDEL!
DIE GROSSEN KÖNNEN MIT IHR NICHT MITHALTEN!
HAU AB, DU ZWERG! ICH BIN DRAN!!
ICH BEENDE IHRE SIEGESSERIE!
DONG

SEIT „STREET FIGHTER II" RAUSGEKOMMEN IST, WAR ...
... ICH, DER „GOLDFINGER" HARUO YAGUCHI, IN MATCHES IMMER SELBSTSICHER!
DAS KANN NICHT SEIN. DIESE AKIRA HAT UNGLAUBLICHES GESCHAFFT. SIE HAT DIE JUNGS VERARSCHT UND 28 MAL GEWONNEN.
UND DAS ...
... MIT ZANGIEF!
Huff!
ES GIBT ZWAR AUCH LEUTE, DIE → ↓ ↘ UND SCHLAG FÜR DEN SHORYUKEN NICHT KOMPLETT HINKRIEGEN ...
... ABER SIE KANN MIT ↻ UND SCHLAG DEN SCHWIERIGEN SCREW PILEDRIVER AUSFÜHREN, ALS WÄR DAS NIX!
VERDAMMT ...
IN DER SCHULE HIESS ES: „GEHT NICHT INS AMÜSIERVIERTEL!". UND DAMIT ICH NICHT GESEHEN WERDE ...
AAAHHH!
... GING ICH EXTRA IN DEN NACHBARORT, WO ICH ENDLICH DIESEN TOLLEN LADEN FAND – MEINE ZUFLUCHT!

DIE MACHT MIR MEINE RUHEOASE KAPUTT!!
DAMIT KOMMT SIE NICHT DURCH!!
DAS IST MEIN LETZTES 50-YEN-STÜCK!
DAMIT WERDE ICH DIR DIE NASE BRECHEN!
50
ICH WOLLTE DAS ERST NICHT …
… ABER MEINE „TAKTIK“ WIRD SELBST BEI AKIRA KLAPPEN, EGAL WIE GUT SIE IST.
DIE WERDE ICH …
… MIT GUILE UMSETZEN!!
IN DIESEM PRÜGEL-SPIEL …
… IST SIE EINES DER UN-GESCHRIEBENEN TABUS …

*SCHWIERIGER ANGRIFF AUS DER HOCKE.

OHH … SIE HAT ZUM ERSTEN MAL EINE RUNDE VERLOREN!
KEIN WUNDER!
ER SPIELT EIN-HÄNDIG!
HE… HEY! GUCKT MAL!
DI… DIESE ROTZNASE!
NUR, WEIL ER EINE RUNDE FÜHRT, MACHT ER SOLCHEN BLÖDSINN?
WIRKT IRGENDWIE, ALS WILL ER SIE DEMÜTIGEN UND SEINE EHRE RETTEN!
AKIRA … ICH LASSE NICHT ZU, DASS DU DICH IN MEINER WELT BREIT MACHST.
OB JAPANISCH ODER MATHE …
… SPORT, KUNST ODER HAUSWIRTSCHAFT …
FÜR MICH, DER IN NICHTS WIRKLICH GUT IST …
… GIBT'S NUR DAS HIER …
BOFF
Uhhh
… WO ICH GLÄNZEN KANN.
AH! WEIL ER EIN-HÄNDIG GE-SPIELT HAT!
DAMIT STEHT'S 1:1!
GU… GUCKT MAL! HAHA! ER SPIELT WIEDER MIT BEIDEN HÄNDEN!
GUT SO, ABER DAS SIEHT ECHT UNCOOL AUS!

LETZTE RUNDE …
WENN SIE NOCH MAL DEN MACHI-GAIRU ABBEKOMMT, HAT SIE KEINE CHANCE!
DAS MÄDEL WIRD NUN NACH 29 SIEGEN IN FOLGE VERLIEREN …
ENDET ES FÜR SIE VOR DEM 30. SIEG?!
FSSCH
FSSCH
?!
D… DER KLEINE ZEIGT JETZT ECHTEN KAMPFGEIST, OHNE SEIN MACHI-GAIRU!!
IM FINALE DIREKT IN DIE OFFENSIVE ZU GEHEN …
… IST ECHT MÄNNLICH!
…
HE… HEHE …
IN DIE OFFEN-SIVE?

LEICHTER KICK
FÜR MICH …
BOPP
… DEN SIEG!!
EIN NAGE-HAME* ??!
BAMM
… GIBT ES NUR NOCH …
FSSCHH
*NAGE-HAME = EINE TECHNIK, MIT DER MAN DEN GEGNER ZUM BLOCKEN BRINGT UND DANN SCHNELL EINEN WURF ANWENDET
DIE FIESESTE WURFTAKTIK … DER GEGNER BLOCKT EINE LEICHTE ATTACKE AB UND MAN FÜHRT DEN WURF IN DEM MOMENT AUS, IN DEM ER SICH NICHT BEWEGEN KANN …
WENN ICH DIE EINFACH NUR WIEDERHOLE, HOL ICH MIR GANZ LOCKER DEN SIEG!
DIE KANN FÜR ÄRGER SORGEN. ES IST EINE TABU-TAKTIK, BEI DER MAN AUF DEN TOD GEFASST SEIN MUSS!
ABER BEI IHR MUSS ICH KEINE ANGST HA…
BOFF

UFF
IM JAHR 1991 …
BANG
PAFF
… WURDE DIE WELT ER-SCHÜTTERT.
WUUSCH
W…
WAS ZUM TEUFEL MACHST DU?!
UND MIT DIESEM MÄDCHEN FING ALLES AN …

HI SCORE GIRL

HI SCORE GIRL

2 CREDITS
AH!
DIE SCHON WIEDER …
DAS IST EIN SÜSSWARENLADEN MIT ARCADE-AUTOMATEN, DEN NICHT MAL DIE AUS DER SCHULE KENNEN … NUR ICH!
DASS SIE DAS HIER GEFUNDEN HAT … UNGLAUBLICH!
UND WEGEN IHR BEKAM ICH IN MEINER STAMM-SPIELHALLE MARUMIYA HAUSVERBOT!
DRECKS-GÖREN! KOMMT JA NICHT WIEDER!
VER-DAMMTE SCHEISSE NOCH MAL!!
STARR

ZUCK
WA ...
WAS ZUM ...?
FLUPP
SIE IST EIN MÄDCHEN UND MAG TROTZDEM ARCADE-SPIELE? HÄ?
ICH DACHTE IMMER, ALLE MÄDCHEN MACHEN ZU HAUSE BLOSS FADENSPIELE, BACKEN PLÄTZCHEN ODER LÖSEN PUZZLES ...
KOMISCHES MÄDEL ...
SIE MUSS SPIELE JA ECHT LIEBEN, WENN SIE AN SO EINEM ORT ALLEINE ZOCKT ...
KOMAE-KAUFLADEN

HRRM
SIE KANN MICH ABER AUCH MAL ZOCKEN LASSEN …
SEIT DEM MITTAGESSEN ZITTERE ICH VOR ENTZUGSERSCHEINUNGEN!!
HRRM
ZSST
AH …
HAT SIE'S MIT DHALSIM DURCHGEZOCKT?
MIT NUR EINER MÜNZE …
ABER DAS KRIEGE ICH AUCH LOCKER HIN.
D… DER AUTOMAT IST JA TOTAL IM EIMER!
VIER VON SECHS KNÖPFEN FEHLEN …! UND DIE JOYSTICK-KUGEL IST AUCH WEG!
KUGEL
SICHER DIE SCHANDTAT EINES GÖRS AUS DER NACHBARSCHAFT!
DIE SCHANDTAT EINES TEUFELS …!!

ABER ÜBER SIE STAUNE ICH AM MEISTEN!
UNTER SO MIESEN UMSTÄNDEN WÜRDE MAN ES EINFACH SEIN LASSEN …
ABER SIE HAT MIT NUR EINER MÜNZE M. BISON BESIEGT!
SCH… SCHEISSE! ICH DARF NICHT VER-LIEREN!!
ICH BESIEGE M. BISON EBENFALLS MIT DHALSIM!!
ICH WERD NICHT ZULASSEN, DASS DIESES MÄDEL BESSER IST ALS ICH!
ICH BIN ES! ICH! ICH!
ICH MUSS DER BESTE SF-II-SPIELER DER STADT SEIN!

DER SCHWERE SCHLAG ... DER SCHWERE KICK ... DIE BUTTONS FÜR DEN LEICHTEN UND MITTLEREN SCHLAG UND DEN MITTLEREN KICK FUNKTIONIEREN AUCH NICHT?!
!?
YOGA FIRE ...
... UND YOGA FLAME KANN ICH NICHT NUTZEN!
ICH KANN NUR ...
... KICKEN!
UND NUR NOCH ...
... HEULEN!
HIIILFE!

WAS DENN?
DIE KNÖPFE AM SF-II-AUTOMATEN SIND TOTAL IM EIMER!
DIE FASSEN SICH ECHT KOMISCH AN!
REPARIER DIE DOCH MAL!
$\frac{2x}{a} < \int_{a-x}^{a+x} \frac{1}{t} dt < x\left(\frac{1}{a+x} + \frac{1}{a-x}\right)$
VERSUCH DAS MAL ZU LÖSEN, JUNGE!
HÄ?!
WAS REDEST DU DA?
EINE AKADEMISCHE MATHEAUFGABE IST FÜR DICH ALS GRUNDSCHÜLER DAS GLEICHE WIE FÜR MICH DIE FRAGE, DIE DU GESTELLT HAST!
NACH ETWAS ZU FRAGEN, DAS ICH NICHT BEGREIFE, IST JA DER GIPFEL DER BLÖDHEIT!
SAG DOCH GLEICH, DASS DU MICH NICHT VERSTEHST …
DANN HAT SIE MICH AUCH NOCH IN EINEM PEINLICHEN MOMENT ERWISCHT … DABEI HÄTTE ICH ES IHR MIT DEM KAPUTTEN AUTOMATEN ZEIGEN SOLLEN!
STATT-DESSEN HAB ICH IHR FÜR 50 YEN GE-ZEIGT, WIE ICH HEULE …

ANDERS ALS ICH HAT SIE WEDER DAS HANDTUCH GEWORFEN NOCH GEHEULT …
UND SIE HAT UNTER DIESEN HÖLLISCHEN UMSTÄNDEN NUR MIT DEM LEICHTEN KICK M. BISON BESIEGT!
IHREN SINN UND IHRE LIEBE FÜR VIDEOSPIELE …
… MUSS MAN SCHON ANERKENNEN.
WENN SIE KEIN MÄDCHEN WÄRE …
… HÄTTEN WIR ALLERBESTE FREUNDE MIT DEM SELBEN HOBBY WERDEN KÖNNEN.
H… HEY.
LIEST DU DIE GAMEST* ODER SOWAS?
*BELIEBTES VIDEOSPIELMAGAZIN

KRAAAACH
JUNGE DAME!! SIE VERGNÜGEN SICH SCHON WIEDER AN SOLCH EINEM ORT!
ES WARTET EINE MENGE ZUSATZ-UNTERRICHT AUF SIE!
LOS, LOS ... SCHNELL NACH HAUSE!
JUNI 1991.
HEI... HEI... HEIM ...
DER ZEHN-TAGE-KRIEG BRACH IN SLOWENIEN AUS ...
WIR FAHREN HEIM ... ♪
... UND ICH WAR FÜR EINEN MOMENT NICHT AUF DER HUT.
WIE PEIN-LICH ...

HI SCORE GIRL

HI SCORE GIRL

3 CREDITS
HARUO!! DIE LESUNG UND DIE BEDEUTUNG DIESES WORTS!
HM …
HMM?
*GEMEINHEIT
TU NICHT SO, ALS LÄGE ES AN DEINEN AUGEN!
HAHAHA
DIESES WORT BESCHREIBT DICH! SCHLAG ES SPÄTER NACH!

DU LERNST NIX!
UND KANNST NICHT MAL MALEN!
WAS SOLL AUS DIR WERDEN?
HARUO, WAS WIRST DU MACHEN?!
WENN ICH SAGE, DASS ICH VOM ZOCKEN LEBEN WILL, LACHEN SIE MICH AUS.
KANN MAN EIGENTLICH DAVON LEBEN?
AKIRA WIRD HINGEGEN EINE GLÄNZENDE ZUKUNFT HABEN.
IN DER SCHULE IST SIE SUPER UND SIE HAT STEINREICHE ELTERN.
UND SIE IST AUCH NOCH ZIEMLICH HÜBSCH.
SIE IST WIRKLICH UNERREICHBAR …
DIE ANDEREN MÄDCHEN VERBLASSEN NEBEN IHR.
UND SIE KANN AUCH TOLL MALEN!
Das sieht aus wie ein Foto!

I... ICH ... BIN IN AKIRA SEIT DER DRITTEN VERLIEBT ...
OB SIE MICH KÜSSEN WÜRDE, WENN ICH ES IHR SAGE?
DU MEINST, WENN DU DAS SCHAFFEN WÜRDEST?
WÄRE ECHT SCHÖN, WENN ICH MEINE JUNGFRÄULICHKEIT AN SIE VERLIEREN WÜRDE!
I... ICH FRAG MICH, OB SIE JEMANDEN MAG.
WAS MACHT SIE WOHL IMMER, WENN DER UNTERRICHT VORBEI IST? WAS HAT SIE FÜR HOBBIES UND SO?
ES GIBT GERÜCHTE, DASS SIE KEINE FREIZEIT HAT, WEIL SIE ZUSATZ-UNTERRICHT KRIEGT.
*BARGELD **AKIRA ONO
KLAVIER-UNTERRICHT ... TEE-ZEREMONIE ... KALLI-GRAPHIE ...
SIE KOMMT AUS EINER ANDEREN DIMENSION.
UND FALLS SIE ZEIT FÜR HOBBIES HAT, DANN IST ES SICHER WAS ELEGANTES WIE SÜSSIGKEITEN SELBER MACHEN ODER SO!
SIE SIEHT IMMER AUS, ALS WÜRDE SIE AM PIANO SITZEN, AUCH WENN ES KEINE PIANO-STUNDEN GIBT.
WAS MEINEN DIE, WAS DAS MÄDEL NACH DER SCHULE MACHT?

Mega Strip Mah-Jongg
DIE SITZT NICHT AM PIANO ...
... SONDERN BEIM STRIP MAH-JONGG!
SIE SPIELT NICHT AUF KLAVIERTASTEN, SONDERN AUF MAH-JONGG-TASTEN!
JETZT GLOTZT SIE AUCH NOCH DAS PIXELBILD EINER NACKTEN FRAU AN!
STARRRRRR
DIE ÜBLICHE OBSZÖNE PIXELFRAU ...
!
HRMM

WAS HEISST HIER „HRMM"? DU VERDAMMTE ...
WAS GUCKST DU MICH STÄNDIG MIT DIESEM DROHENDEN KATZENBLICK AN?
DU LEBST IN EINER ANDEREN WELT ... ALSO WARUM BIST DU IN MEINE WELT GEKOMMEN? HIER HATTE ICH MEINEN FRIEDEN!
ICH HAB MEINEN PLATZ ... UND DU DEINEN!!
NAMCO
SPLATTER-HOUSE (1988)
STIRB!! STIRB! STIRB!
SPLATT
SPLATT
DAS IST MEINE WELT!
DAS IST KEIN ORT FÜR JEMANDEN WIE DICH!!
SPLATT
UOOOHHH
GLAUB JA NICHT, DASS ICH DAS SPIEL NUR MIT MEINEM HASS AUF DICH SCHAFFE!
STARRR
ACH? WAS GIBT'S DENN ZU GLOTZEN?
BIST WOHL VON MEINEM KÖNNEN BEEINDRUCKT?
GYAAAH

ICH HAB'S! MORGEN WERDE ICH IN DER SCHULE RUMERZÄHLEN, DASS SIE SPIELSÜCHTIG IST!
DAS IST DIE „GEMEINHEIT", DIE ICH HEUTE GELERNT HAB ... DER WERD ICH ES MORGEN MAL SO RICHTIG ZEIGEN!
WENN ICH DAS GETAN HABE, WIRD DIE BESTIMMT NICHT MEHR MEIN TERRITORIUM BETRETEN.
人面犬注意!!
?
...
WAS IST DENN?
HÄ? WARUM FOLGST DU MIR?
HOLT DICH DEIN ALTER BUTLER HEUTE NICHT AB?!
G...
ドッ
WUUSCH
GEH WEG!

WA... WAS WILLST DU?!
HA...
BLEIB, WO DU BIST!!
WUUSCH
HAT SIE ETWA ...
... DEN GEMEINEN PLAN FÜR MORGEN ERRATEN UND WILL MICH VERMÖBELN, UM MIR DAS MAUL ZU STOPFEN?
HAAH ...
HAAH ...
UHH ...
HAAH
HAAH
HAAAALT!
NEIIIIN!

AM NÄCHSTEN TAG
ICH BIN DANN DOCH …
… GESTERN ABEND PROBLEMLOS NACH HAUSE GEKOMMEN.
WAS WAR MIT DIESEM MÄDEL BLOSS LOS?
HEY, HABT IHR DIE GEISTER-FOTOS IN DER NEUEN MYSTERY EARTH GE-SEHEN?
WUPP
HÖR AUF DAMIT! SIE KANN SOWAS GAR NICHT LEIDEN!
!!
KANN ES SEIN, DASS SIE ANGST BEKAM, ALS SIE MIR BEIM SPLATTERHOUSE SPIELEN ZUGESEHEN HAT, UND DESWEGEN NICHT ALLEIN NACH HAUSE WOLLTE?!
UGH …
FÜR EINEN KURZEN MOMENT FAND ICH SIE SÜSS UND JETZT …
… BIN ICH DAVON GENERVT!
ORE

HI SCORE GIRL

HI SCORE GIRL

HARUO YAGUCHI ...
NULL PUNKTE!
4 CREDITS
FÜR DICH GIBT ES VOM LEHRER DIE EISERNE FAUST!
ゴチーン
BAMM
WAR JA KLAR ...
WOW! ER MACHT KEINEN MUCKS!
ER IST DRAN GE-WÖHNT.
AKIRA ONO, 100 PUNKTE! FÜR DICH GIBT ES EIN BONBON!
OOOHHH!
DU BIST SO EIN TÜCHTIGES MÄDCHEN!
TSK...

DIE IST WIRKLICH ...
... EIN TÜCHTIGES MÄDCHEN. ANDERS ALS ICH!
MATHE, JAPANISCH ...
BUFF
... KUNST, SPORT ...
JAAA, AKIRA!
GREIF AN!
HA-RUOOO!
PAFF
FÜR MICH, DER NICHTS DRAUF HAT ...

… GIBT ES NUR EINE SACHE, MIT DER ICH PRAHLEN KANN …
VIDEO-SPIELE.
COOL!
GEIL!
SF II IST SO COOOOL!
Sonic Boom!
MIR SCHMILZT GLEICH DAS HIRN WEG!
KRASS, DER KLEINE …
DER HAT MIT GUILE 31 MAL AM STÜCK GEWONNEN!
IN DER SCHULE FÜHLE ICH MICH GANZ KLEIN …
… UND HIER BEKOMME ICH VON DEN ANDEREN ANERKENNUNG!
31 SIEGE, BAH!
MEGA NERVIG!
DAS NACKT-FOTO-ALBUM „SANTA FE" VON RIE MIYAZAWA WURDE VERÖFFENTLICHT UND VON HOICHOI PRODUCTIONS WURDE UNTER ANDEREM „UMARME MICH, WENN WELLEN KOMMEN" ZU EINEM RIESENERFOLG.
波の数だけ抱きしめて
Santa Fe
DIE WIRTSCHAFTSBLASE, 1991.

MAN GING DAHEIM ALLMÄHLICH VOM NES ZUM SNES ÜBER.
DIE VIDEOSPIEL-INDUSTRIE NAHM LANGSAM ABER SICHER AN FAHRT AUF.
GAME CENTER ISLAND
IN DEN SPIELHALLEN KONNTE MAN DEN NEUESTEN STAND DER BRANCHE …
… SCHNELLER ALS DAHEIM ERLEBEN.
AH … DIE SCHON WIEDER.
DIESE SCHEISS MUSTERSCHÜLERIN STEIGT EINFACH SO IN MEINE RINGECKE...
DAS IST DOCH MEINE RUHEOASE!

WAMM
WAS SOLL DENN DAS MIT GUILE?!
MAA-SCHATZ, HALT DURCH! ♡
AHHH! SCHEISSE!
?!
GUILE!
IMMER NUR GUILE!
SCHRECK-LICHER CHOLERIKER …
Uhhh …
IST DEM DAS VOR SEINER FREUNDIN NICHT PEINLICH?
PANG
RAAAAHHHH!!
BAMM
BAMM
BAMM

Ahhh
Warum rastet er aus, wenn er so schlecht ist?
Wenn du nicht an deine eigenen Fähigkeiten glaubst, ist das doch bescheuert!
Der Typ will den heranspringenden Gegner mit einem Shoryuken kontern und macht versehentlich ein Hadoken!
Hado-ken!
Spiel doch nicht mit Ken, wenn du kein Shoryuken hinbekommst!!
Ver...
... Arsch mich nicht!!
BAMM
Uff!
Wegen seiner Treterei kommt noch die Aufsicht her ...
Der hat sie doch nicht alle.
Soll ich mich verziehen, bevor er stattdessen mich tritt?
YOU WIN
Suuuper, Maa-Schatz!
Der Typ war ja nix Besonderes!
Ich hab verloren.
Wie mich dieses Pärchen ankotzt!

HM?
SST
AKIRA!
FORDERT SIE DIESEN CHOLERIKER HERAUS?
AKIRA HAT SICH E. HONDA AUSGESUCHT!!
SIE NIMMT WIEDER MAL EIN SCHWER-GEWICHT …
DIE KONNTE JA AM AUTOMATEN NUR DEN LEICHTEN KICK BENUTZEN UND HAT TROTZDEM MIT DHALSIM M. BISON BESIEGT.
ALSO WIRD SIE IHREN GEGNER SOFORT PLATT MACHEN.
YOU WIN
SAG ICH DOCH.
Wahahaha
PERFECT
UND DANN NOCH „PERFECT"!
UWAAAAHHH!
LASS MICH RAN! DIE MACH ICH KALT!

LOOOS!
ZEIG IHR, WAS DU DRAUF HAST!!
MACH ICH, SÜSSER!
KRA... KRASSE SZENE.
EIN KAMPF ZWISCHEN ZWEI MÄDCHEN... GIBT'S DOCH NICHT!
SIE HAT CHUN-LI GENOMMEN ...
NEHMEN FRAUEN CHUN-LI, WEIL SIE SICH IN SIE LEICHTER HINEINVERSETZEN KÖNNEN?
ABER SIE HAT EINE GERINGE ANGRIFFSKRAFT. DAFÜR IST KÖNNEN NÖTIG.
BAFF
BOMM
WAS FÜR EINE WAND!!
SIE LÄSST DIE RUMHÜPFENDE CHUN-LI ÜBERHAUPT NICHT AN SICH RAN!
WAS IST DENN LOS?!
DIE VERARSCHT DICH JA TOTAL!!
NGH ...
NGH ...

NNGRAAAAH!
DANG
D... DIE IST JA AUCH EINE CHOLERI-KERIN!!
Hrrm
Hrrm
Hrrm
スス...
SST
Hrrm
Hrrm
DIESER KAMPFSTIL ...
DAS IST ABSICHT!
MIT DIESEN ATTACKEN WILL SIE AUCH DER KAMPFMORAL DES GEGNERS SCHADEN!
Ahh
GAAH ... ABARTIGE SPRÜNGE!
EY!! DU HAST SIE MIT SCHMUTZI-GEN TRICKS BESIEGT.
えーん
WÄÄÄH
DA, GUCK HIN! MII-SCHATZ HEULT JETZT!!
WIE WILLST DU DAS GERADE-BIEGEN?!

TU NICHT SO UN-SCHULDIG!
GIB UNS DIE 200 YEN ZURÜCK UND GEH AUF DIE KNIE!
HE...
HEY, HEY!
DAS IST DOCH VÖLLIG LÄCHERLICH!
WAS MISCHST DU DICH DA EIN, DU PENNER?!
DAS IST DOCH EIN SPIEL!
MAN SOLL DABEI SPASS HABEN. CAPCOM WILL SOLCHE ZANKEREIEN NICHT!
VERPISS DICH!
ACK
GUUHH...
SCHNELL!!
ICH MUSS SCHNELL AUFSTEHEN!!

IHR SCHEISS-FRECHEN GÖREN!
WENN IHR UNS NICHT GEHORCHT, KNÖPFEN WIR EUCH DIE GANZE KOHLE AB!
UHHH ... HILFE ...
WAMM
GAHH!
KRACK!!
PSHH

A… AKIRA?!
WAS SOLL DAS?! HEH? WAS?!
WAS SOLL DAS WERDEN?!
PANG
UAAHH!
GUH…
D… DIE IST GNADENLOS!!
ALS WÜRDE ZANGIEF CHUN-LI MIT DEM SCREW PILEDRIVER PLATT-MACHEN…
GU-HUUUH…

BAMM
GAHHH
KO 72
S... SIE IST DER TEUFEL!!
IHRE GEGNERIN HATTE SCHON SO WENIG LEBENS-ENERGIE, UND TROTZDEM MACHT SIE SIE NOCH MIT 'NEM SCREW PILEDRIVER FERTIG!
DAS WAR ZU KRASS, VIEL ZU KRASS! DU HAST ES ÜBERTRIEBEN, AKIRA!!
SCHNELL, WIR HAUEN AB!
DU HAST AM MÜNZ-SCHIEBER RUMGE-RÜTTELT!
NEIN! DAS STIMMT NICHT!!
DAS KLÄREN WIR IM BÜRO.
DU BIST JA ECHT UNGLAUB-LICH!!
WAS SOLLEN WIR MACHEN, WENN WIR WEGEN SO EINEM THEATER WIEDER HAUSVERBOT KRIEGEN?!
VORSICHT
GORILLAS!
WA...
WAS IST DENN?
...
AH ...

KRAAACH
JUNGE DAME! SIE LASSEN SICH AUF SO EINEN UNANSTÄNDIGEN JUNGEN EIN?
LOS, LOS … WIR FAHREN HEIM!!
…
HEI… HEI… HEIM …
WIR FAHREN HEIM … ♬
IHR STATUS, IHR GUTER RUF UND IHRE SCHULLEISTUNGEN … IM SPIELEN UND IM KÄMPFEN BIN ICH SCHLECHTER ALS SIE … WAS BLEIBT MIR DENN NOCH?!
NICHTS …
DOCH!!
PAMM
EINE SACHE GIBT ES, AUF DIE ICH STOLZ BIN!
ICH HALTE SO EINIGES AUS …
PATT
PATT

HI SCORE GIRL

HI SCORE GIRL

5 CREDITS
AHH, ES FÄNGT AN ZU REGNEN!
ICH WERD MIR NOCH EINE ERKÄLTUNG HOLEN, BIS ICH ZU HAUSE BIN!
ES GAB DOCH HIER IN DER NÄHE EINEN SÜSSWAREN-LADEN MIT GAMES!
SCHHHH
DA WERD ICH UNTER-SCHLUPF SUCHEN!

PRASSEL
DAS GIESST JA WIE AUS EIMERN! AM MITTAG WAR'S DOCH NOCH SONNIG!
DU KANNST HIER BLEIBEN, BIS DU DEIN GANZES GELD AUSGEGEBEN HAST!
SAG SOWAS NICHT MIT SO EINEM NETTEN LÄCHELN, TANTCHEN!
ICH HAB NUR 70 YEN?!
BIS DER REGEN AUFGEHÖRT HAT, WIRD'S MIT DEM GELD EIN BISSCHEN KNAPP …
HE, IHR DA! DAS HIER IST KEINE HERBERGE!
UH …
GÖREN OHNE ZASTER GEHEN SOFOOORT, HAHA!
DIE ALTE IST ECHT EINE TEUFELIN. GANZ ANDERS ALS SIE AUSSIEHT!
WENN ICH KEIN GELD MEHR HABE, WERDE ICH WOHL SOFORT RAUSGE-SCHMISSEN …
TAPP TAPP TAPP
!

HAAH ハア
HAAH ハア
DU SCHON WIEDER?
WAS IST MIT DEINEM ALTEN BUTLER? IST ER …?
WUSS-TEST DU, DASS HIER AUTOMATEN STEHEN, UND BIST DESHALB HERGE-KOMMEN?
DU LIEBST DIE JA ECHT!
HRMPF
ALSO …
… WAS HABEN WIR HIER?
HIER GIBT'S „GHOSTS 'N GOBLINS" UND „FINAL FIGHT".

WENN ICH LANGE SPIELEN WILL, MÜSSTE ICH „FINAL FIGHT" WÄHLEN ... DARIN BIN ICH GUT.
UND MEINE CHANCEN, „GHOSTS 'N GOBLINS" DURCHZU-SPIELEN, WO ICH BEI NUR EINEM TREFFER STERBEN KÖNNTE
OHA! DIE DAME HAT BLOSS 50 YEN DABEI ...
SIE IST REICH, ABER HAT NUR 50 YEN UND GIBT SIE AUCH NOCH FÜRS ZOCKEN AUS?
ZSST
NA GUT ... WIR SITZEN IM SELBEN BOOT.
KLING
Final Fight
PUSH START

AAACH, ICH WOLLTE VOR IHR RAN …
NA GUT, DANN SCHAU ICH MAL, WAS SIE DRAUF HAT.
WENN DU ZEIGEN WILLST, WAS DU KANNST, DANN MACH DAS HIER …
… BEI „GHOSTS 'N GOBLINS"!
ÄH, NEIN DANKE …
SPIEL ICH NICHT …
Uaaah …
HÖH?
DIESE AKIRA … WIRD SCHON IM ERSTEN LEVEL PLATT GEMACHT?!
TIME 29
Uaah …
IM KELLERAB-SCHNITT MIT DEM FLACKERN-DEN LICHT VERLIERT SIE DAS ZWEITE LEBEN …
AHA! IN DIESEM SPIEL BIN ICH ALSO BESSER ALS SIE.
MIT EINER MÜNZE KÖNNTE ICH BIS LEVEL 5 KOMMEN. BIS DAHIN GIBT ES VIELE STELLEN, WO ICH MIT DEM MESSER KÄMPFEN KANN!!

!!
STEH NICHT BLOSS HERUM!!
ICH TÖTE DICH, DU LAUSE-BENGEL!!
WAS FÜR 'NE IGNORANTE OMA.
JA JA, SCHON GUT ... ICH GEB MEIN GELD AUS.
KLING
!
YAY!

PLAYER SELECT
5
JETZT SCHAU NICHT SO!! ICH HELF DIR!
ICH REVANCHIER MICH, WEIL DU MICH NEULICH VOR DIESEM KOMISCHEN PÄRCHEN GERETTET HAST!
ICH WERD DICH MIT GUY BIS INS 5. LEVEL BRINGEN!
BLEIB DICHT BEI MIR!
KNIRSCH
KNIRSCH
HEY …
… DU MUSST DOCH NICHT GLEICH WÜTEND WERDEN!
Teee-Yaaa!
BA-DUUUSCH
← Guy
AAAH …

BUFF
Uuh-Rya!
BA-DAMM
De-Yaaa!
HÄÄÄH? DIE WAR DOCH VORHIN NICHT SO GUT?!
WUPP
GRRP
SIE HAT MIT HAGGAR UND EINER NORMALEN ATTA-CKE DEN GEGNER GETÄUSCHT …
… UND DANN DEN PILEDRIVER KORREKT AUSGE-FÜHRT!
AAH! ICH HAB NUR NOCH WENIG ENERGIE! FLEISCH! FLEISCH!
Haaaah!
BOMP
…
KRRK
AUAAA!

WAS MACHST DU DA?! WARUM SOLL ICH DIE FÄSSER NICHT ZERSTÖREN?!
HEY!
SAG DOCH MAL WAS!
HM?
BA-DAMM
ALS AKIRA DAS FASS ZERSTÖRT HAT, ER- SCHIEN AUF MYSTERIÖSE WEISE EIN DIAMANT …
UND IHR SCORE IST SO SELTSAM HOCH …
BA-DAMM
S… SIE HAT'S AUF DEN HI SCORE ABGESE- HEN!
IST SIE AUF MICH SAUER GEWORDEN, WEIL ICH DIE FÄSSER WAHLLOS ZERHAUEN HAB?
MOMENT MAL … BENUTZT SIE ETWA „ALCHEMIE"?!
„ALCHEMIE": WENN MAN EIN FASS ZER- STÖRT HAT UND 0,033 SEKUNDEN DANACH DEN JOY- STICK-KNÜPPEL IN EINE ANDERE RICHTUNG BE- WEGT, ERSCHEINT EIN 10.000- PUNKTE-ITEM.
ALSO IST SIE AM ANFANG ABSICHTLICH GESTORBEN, DAMIT SIE KEIN LEBEN MEHR ÜBRIG HAT?!
DAFÜR KANN ES NUR EINEN EINZIGEN GRUND GEBEN!

SIE WOLLTE SICH SELBST UNTER DRUCK SETZEN!
WENN SIE DAS NÄCHSTE MAL STIRBT, HEISST ES „GAME OVER". UNTER DIESEM DRUCK WILL SIE SICH ANSTRENGEN UND GEWINNEN!
DRAUSSEN SCHÜTTET ES UND WENN WIR MIT DEM SPIEL FERTIG SIND, WERDEN WIR VOR DIE TÜR GESETZT. IST SIE ALSO ...
... EINE MASOCHISTIN?!
ODER EINE SADISTIN?
BONG
RAAHHH!
BEI JEDER KLEINIGKEIT WIRD SIE SAUER! ES IST DIE HÖLLE, MIT IHR ZU SPIELEN!!
NEIN ... WIR SPIELEN NICHT ZUSAMMEN, ICH BIN IHR JA EIN KLOTZ AM BEIN ...
NACH DEM „GAME OVER" WERD ICH IN DIE HÖLLE DRAUSSEN GEWORFEN UND FANG MIR 'NE ERKÄLTUNG EIN!

Ooaaah!
ABIGAIL, BOSS DES 5. LEVELS
BOING
BOING
Uaah Uaah
Haah
Haah
Haah
A+B A+B A+B
BAFF
DONG
BLÖRRG
WENN „FINAL FIGHT" SO SCHMERZHAFT IST ...
... MACHT'S ECHT KEINEN SPASS!!
KR... KRASS, WIR HABEN'S DURCHGESPIELT ...
SIE KAM BIS ZUM HI SCORE, WÄHREND ICH IHR EIN KLOTZ AM BEIN WAR.
ABER ZUM GLÜCK KONNTE ICH DEM REGEN ENTKOMMEN.

AKIRA!
WEIL ICH DICH GESTÖRT HABE!
NIMM EINEN ALS ENTSCHUL-DIGUNG!
HM? WAS DENN?
ICH SOLL DIR BEIDE GEBEN?
ALS ENT-SCHUL-DIGUNG FÜR HEUTE UND …
… ALS DANK FÜR NEULICH?
10-Yen-Lollies
NERV
WAS STIMMT MIT DER NICHT?

HI SCORE GIRL

HI SCORE GIRL

6 CREDITS

DER POOL WIRD DOCH ERST IM JUNI GEÖFFNET?
WARUM MÜSSEN WIR DEN DENN JETZT SCHON SCHRUBBEN?
IHR DA!! WENN IHR NICHT RICHTIG SAUBERMACHT, VERPASS ICH EUCH EINEN EINLAUF!
ENDLICH! IM FRÜHLING KOMMT „FINAL FANTASY IV" RAUS!
6-2 金田
6-2 矢口
プールサイドで
・走るな
・遊ぶな
・さえずるな
IHR REDET VON NIX ANDEREM ALS SUPER NINTENDO!
SCHRUBB
AH! DASS ES VOR DEN SOMMERFERIEN RAUSKOMMT, HAT SQUARE WIEDER GUT EINGEFÄDELT!

KENNT IHR DIE PC ENGINE?
DARAUF WURDEN VIELE ARCADE-GAMES PORTIERT … DIE KONSOLE MUSS MAN ALS ARCADE-FAN HABEN!
HM? ピク
PC ENGINE?
ABER DAVON HABEN LEUTE WIE IHR, DIE DEN KURZEN WEG VOM NES ZUM SNES GENOMMEN HABEN, KEINE AHNUNG!
6-2 後藤
DIE PC ENGINE KAM NÄMLICH DREI JAHRE VOR DEM SNES AUF DEN MARKT!
BLABLA
BLABLA
AUF UNGEFÄHR SO GROSSEN HUCARDS AUS PLASTIK GIBT'S 'NE MENGE SPIELE.
DIE SPIELE SIND AUCH MEEEGA!
„YOKAI DOCHUKI" … „WONDER MOMO" … „GENPEI TOMADEN" …
… „SPLATTER-HOUSE" … „BRAVOMAN" … „OBOCCHAMA-KUN" …
OBO …?!
DIE PC ENGINE STEHT GANZ WEIT OBEN UND ICH BIN STOLZER BESITZER DIESER TRAUMKONSOLE!

HUCARD
PC
PC-ENGINE
PAH! DAS KANN JA NUR VON EINEM GAMER KOMMEN!
DU NERVST VOLL MIT DEINER BESSER-WISSEREI!
LOS, WIR VER-ZIEHEN UNS!
HEY!!
SCHAUT NICHT AUF DIE PC ENGINE HERAB!
DIE IST VOLLGE-PACKT MIT EINZIGARTIGEN CHARAKTEREN, DAS IST NOCH EINE BESON-DERHEIT!
DA MUSS SIE SICH AUCH NICHT VOR DEM SNES VERSTECKEN!
PFF!
IHR UN-WISSENDEN.
WUPP
PLONK
HM?
6-2
6-2

NA, AKIRA? BELAUSCHST DU UNS? DU BIST JA ECHT UNANSTÄNDIG!
DU KENNST DIE DOCH? DIE PC ENGINE?
SCHÜTTEL
SCHÜTTEL
NICHT DEIN ERNST?!
IM FERNSEHEN BRINGEN DIE DOCH MEGAVIEL WERBUNG DAFÜR!
WAS IST DENN LOS?!
HEY, DU VERSAGER!
HAST DU ÜBERHAUPT DEN STATUS, UM MIT DER UNERREICHBAREN SPRECHEN ZU KÖNNEN?
HIER, DU SCHRUBBST JETZT MIT AKIRAS BÜRSTE WEITER!
WARUM ZUM HENKER GLITZERST DU SO?
UND AKIRA, DICH MÖCHTE ICH FRAGEN, OB WIR ZUSAMMEN INS KINO GEHEN? „GERAUBTE LIEBE" VON HITOMI KUROKI ...
FLUPP
ÖHHH

VER… VERFLUCHT! WARUM KANN DIESER HARUO MIT IHR SPRECHEN UND ICH …
DOI … DU BIST WIEDER SO SCHLEIMIG … DANN AUCH NOCH HIER …
ICH HAB IHRE STIMME ABER AUCH NOCH NIE GEHÖRT.
NA SAG MAL, HARUOOO! FAULENZEN HABE ICH DIR NICHT ERLAUBT!
SELBST BEI DER POOLREINIGUNG BIST DU ZU NICHTS ZU GEBRAUCHEN, DU SITZENBLEIBER!
ICH KÖNNTE DIR MIT MEINER „FINALEN STOSSFINGERFAUST" DIE EINGEWEIDE ZERFETZEN!
WENN ICH MIT DIR RUMSTEHE, WERDE ICH SOFORT ALS MINDERWERTIG BEZEICHNET!
ALS OB ICH DAFÜR ZUSTÄNDIG WÄR, DASS DU GUT DASTEHST!
DAS IST SCHON WIEDER SO NERVIG!!
DU KENNST JA NICHT MAL DIE PC ENGINE …

PSSSCHH
AH-HIA-HIAAAA!
DU DA, AKIRA! WAS TREIBST DU DA? (HAHA)
ABER DAS WAR SÜSS, DAS LASS ICH DURCHGEHEN … PFFRR … HAHAHA!
BLA-BLA!
BLAAA!
…
AM NÄCHSTEN TAG
HA-TSCHIII

ゲホッ ゲホッ
KEUCH KEUCH
DIESES MÄDEL ...
NANU? BIST DU ALLEIN?
ACH JA, DU SCHLIESST HEUTE DAS KLASSEN-ZIMMER!
ALLE ANDEREN SIND SCHON WEG, ALSO KANN ICH NUR DICH FRAGEN.
WÜRDEST DU MIR EINEN GEFALLEN TUN?
AKIRA!

...
UHHH ... MIR GEHT'S SO MIES ...
UND ICH HAB NOCH GEDACHT, DASS ICH SCHÖN ZU HAUSE BLEIBEN KANN ...
DIE 38 GRAD FIEBER MACHEN MEINE GANZEN PLÄNE ZUNICHTE!
DIE „PLÄNE"
TOCK
TOCK
AHH ... MAMA ...
MAMAAA! MIR GEHT'S GANZ SCHLECHT! WASSEEER!
MACH NEUES EIS IN DEN EISBEUTEL!
UND DANN BEMUTTER MICH!

HIII... AAAH!
A... AKIRA?!
WA... WAS MACHST DU DENN HIER?!
NA HÖR MAL! AKIRA KAM EXTRA HER, UM DIR KOPIEN VON DER SCHULE ZU BRINGEN!!
MAMA ...

HAST DU DAS GEHÖRT? ER IST IN DER SECHSTEN UND SAGT „BEMUTTER MICH!", HAHA!
DU VERWÖHNTER KLEINER JUNGE!
ARGH! ICH STERBE, STERBE, STERBE!
JETZT IST MAL SOOO EIN HÜBSCHES MÄDCHEN ZU HARUO GEKOMMEN …
… DA MUSS ICH GASTFREUNDSCHAFT ZEIGEN! ♬
Z… ZEIG DOCH MAL MIR …
… GASTFREUNDSCHAFT …
SCHEISSE. WIE ZUM TEUFEL KONNTE ES DAZU KOMMEN?
SST
DAS IST EIGENTLICH DEINE SCHULD! WEIL DU MICH MIT WASSER VOLLGESPRITZT HAST …
HM?

OH ... WAS HAST DU MITGEBRACHT?
Hospitation -
01.07., 9:00 Uhr
Idioten-Eltern, versammelt euch!
EIN ELTERNTAG IN DER SCHULE?
ICH WERD MEINE MUTTER AUF KEINEN FALL HINLASSEN ... WELCHER SOHN WILL SCHON SEINER MUTTER SEINE EIGENE NUTZLOSIGKEIT ZEIGEN?
UND DIE ÜBLICHEN ERGEBNISSE DER KLASSENARBEITEN ...
MEIN MUND SIEHT GERADE AUS WIE DIE PUNKTZAHLEN! DER GEHT VOR LAUTER SCHOCK GAR NICHT MEHR ZU!
Sehtest-Ergebnisse
Links: 0,7
Rechts: 0,7
Geh zum Augenarzt.
UND DAFÜR WERD ICH AUSGESCHIMPFT, WEIL ICH ZU VIEL SPIELE ... MANN, ZIEHT MICH DAS RUNTER!
UND DER URINTEST ... MAAAANN! DU BRINGST NUR SACHEN MIT, DIE MIR DIE LAUNE VERMIESEN!
Pipi
Nicht verschütten! Pass höllisch' auf!
HAST DU KEINE URKUNDEN ODER SOWAS?!
HAST DU GAR NIX, WOMIT ICH MICH BESSER FÜHLEN KÖNNTE?!
SLLP
EGAL! WENN DU HIER FERTIG BIST, GEH NACH HAUSE!
UND NIMM NICHT WÖRTLICH, WAS MEINE MUTTER GESAGT HAT!
!
...

TA-TAA
HIHIHI!
DER „MANGA-PFANNKUCHEN", DIE SPEZIALITÄT VON HARUOS MAMA!
HAMPF
HEY, STOPP! DU FÜTTERST DAS PRINZESSCHEN VOR DEM ABENDESSEN MIT SOWAS? SIE KÖNNTE ÄRGER BEKOMMEN!
SIE IST SO SÜSS, WIE EINE PUPPE! ♡
ALSO! MAMA GEHT KURZ WAS EINKAUFEN! ☆
MACHT KEINE SCHWEINEREIEN! ♡
WA... WAS ZUM ...?! MAMA!!
HEY, AKIRA! SAG DOCH AUCH MAL WAS!!
DU WURDEST WOHL IN DEN MYSTERIÖSEN STRUDEL VON MAMA GEZOGEN ...
!!
MA... MAMA!!
WAS GUCKST DU HIER SO NEIDISCH REIN?!

じ
STARR
DU WILLST DICH VERSTECKEN, DAS IST SO OFFENSICHT-LICH!!
UWAAAAHHH!
WENN DU LOSGEHEN WILLST, GEH DOCH ENDLICH!!
UND WIE HAT SIE DAS JETZT GEMACHT?!
M …
MIR IST SCHWIN-DELIG …
BEHANDELT MAN SO SEINEN SOHN, DER 38 GRAD FIEBER HAT?!
UND WENN DU DAS AUFGEGES-SEN HAST, GEHST DU!
MANN … DASS MAMA DICH AUCH NOCH IN MEIN ZIMMER GELASSEN HAT …
TOTAL KOMISCHES GEFÜHL, DASS DIESE AKIRA IN MEINEM ZIMMER IST …
WAS HAB ICH VERBROCHEN, DASS SIE …

チラ
BLICK
HMM?
WAS DENN?!
もじもじ
ZÖGER ZÖGER
DU BIST VERFLUCHT UNRUHIG!
JA JA, ICH HAB DEINE EIGENTLICHE ABSICHT DURCH-SCHAUT!
DU BIST DOCH SCHARF DARAUF, MIT DER PC ENGINE DA ZU ZOCKEN!
IST DOCH SO, AKIRA?!
カーッ
FLASCHHH

BEI SPIEL-KONSOLEN GIBT'S FÜR MICH NIX BESSERES ALS DIE PC ENGINE!
WEGEN IHR BEKAM ICH KEIN SNES, ABER DAS BEREUE ICH AUCH NICHT!
MAL DAVON ABGESEHEN, WARUM KENNT DIE KAUM EINER? DAS REGT MICH TOTAL AUF!
WIE FINDEST DU'S? „CHINA WARRIOR" MACHT DOCH ECHT SPASS!
NICK
Oolong-Tee
DU HAUST MOTTEN RUNTER UND WENN DU DEN UMHERSCHWEBEN-DEN OOLONG-TEE SCHLÄGST, WERDEN DEINE LEBENS-PUNKTE ERHÖHT.
DER OOLONG-TEE KOMMT ANGEFLOGEN UND DU BIST SCHON TOTAL WEGGETRETEN!
WENN DU DAMIT FERTIG BIST, GEH NACH HAUSE!
BLOSS ZU-ZUSCHAUEN MACHT MICH VOLL FERTIG ...

SIE NIMMT SICH ZURÜCK UND ZOCKT BEI NIEDRIGER LAUTSTÄRKE …
HEY, DU KANNST RUHIG LAUTER SPIELEN!
…
STARRRR
IN DER SPIELHALLE WÄRST DU MIT DEM JOYSTICK UNFASSBAR GUT, ABER MIT DEM GAMEPAD BIST DU EINE ZIEMLICHE AMATEURIN.

ICH DACHTE, GERADE BEI DEINER FAMILIE HÄTTEST DU DAHEIM ALLE KONSOLEN, DIE ES GIBT. WIEVIELE HAST DU DENN?
SCHÜTTEL
SCHÜTTEL
HÄ? GAR KEINE?
NICHT EINE EINZIGE?
NICK
VERSTEHE … SIE IST EINE JUNGE DAME, DIE ZU HAUSE BESTIMMT FEIN ERZOGEN WIRD. SIE WÜRDEN IHR NIEMALS VIDEOSPIELE KAUFEN …
ALSO HAT SIE DESWEGEN DRAUSSEN SO GANZ ALLEIN GEZOCKT?
SIE IST DA WIE ICH.
SIE LÄSST JEDEN TAG IHREN ANGESTAUTEN FRUST BEIM ZOCKEN AB!

SPIEL MAL DIE ALS NÄCHSTES!!
R-TYPE I
„R-TYPE" UND „YOKAI DOCHUKI".
DIE MUSST DU DOCH IN JEDER SPIELHALLE GESEHEN HABEN!! UND JETZT KANNST DU DICH ZU HAUSE DAMIT AUSTOBEN!!
„YOKAI DOCHUKI" KONNTE ICH FÜR 980 YEN ERGATTERN!
UND ALS NÄCHSTES DIE HIER. DIE HAST DU AUCH BESTIMMT IN DER SPIELHALLE GESEHEN.
„VIGILANTE" UND „WONDER MOMO".
DIE HAB ICH FÜR 380 YEN BEKOMMEN!!
DASS DIE PREISE FÜR DIE GAMES PLÖTZLICH ZUSAMMENGE-BROCHEN SIND, IST AUCH EINE BESONDERHEIT. DAS TUT AUCH DEN GELDBEU-TELN UNSERER ELTERN GUT!
IN MEINER PC-ENGINE-SAMMLUNG GEHT'S NOCH WEITER!!
PC Engine
„ALTERED BEAST" …
… „B.C. KID" …

… „DARIUS", „KIKI KAIKAI" …
… „GENPEI TOMADEN"!!
UND „SPLATTER-HOUSE", DAS DU SO HASST, HAB ICH AUCH HIER!
DU HAST ES KAPIERT, ODER? DIE PC ENGINE IST EINE KRASSE KONSOLE, DIE DEIN HEIM IN EINE SPIELHALLE VERWANDELT!
WENN ICH DIE NICHT HÄTTE, HÄTTE ICH IN DER SPIELHALLE MEHR ALS DOPPELT SO VIEL AUSGEGEBEN UND MEINE MUTTER HÄTTE MICH LÄNGST RAUSGEWORFEN!
DIE PC ENGINE SCHREITET WEITER UNAUFHALTSAM VORAN …
… MIT DER WELTWEIT ERSTEN HANDHELD-KONSOLE IN FARBE, DIE NORMALE HUCARDS NUTZT …
… DIE PC ENGINE GT!!
… UND DIE HAB ICH NICHT, WEIL DIE SATTE 44.800 YEN KOSTET … JEDENFALLS IST DIE AUCH KRASS.
ZITTER
ZITTER
DIE PC ENGINE CD-ROM² HAB ICH AUCH NICHT …
BEI SPIELEN MIT SPRACHAUSGABE DENKT MAN ECHT, MAN WÜRDE TRÄUMEN …

DU WIRST SCHON SEHEN, WIE BRILLIANT DIE HUCARDS SIND!
„MOMOTARO KATSUGEKI" IST DAS ALLERBESTE!
ICH FINDE, UNTER DEN SIDESCROLLERN IST ES DAS MEISTERHAFTESTE!!
PROBIER'S MAL!
KEUCH
STARR

むらむらむら
HRRRRMMM
BANG
HARUO!
MEINE ENTZUGS-ERSCHEI-NUNGEN SIND …
LASS MICH ZOCKEN!!
BIN WIEDER D…
ICH HALT'S NICHT MEHR AUS!

WAS HAB ICH NUR FÜR EINEN PRIMITIVEN, ORDINÄ REN SOHN GROSS-GEZOGEN?!
BAAAAMM
GAHH!
ICH HATTE NICHT VOR, AUS DIR SO EINEN JUNGEN ZU MACHEN …! (VOLLER FREUDENTRÄNEN)
HEY, WARUM WEINST DU VOR FREUDE?
TAGE SPÄTER
PLATSCH
PLATSCH
KREISCH
SPRITZT! SPRITZT! SPRITZT EUCH SCHÖN MIT WASSER VOOO-HOLL!
HAHA

IHHHH
HEHEHEHE. BEI DIESER KÄLTE. IHR TUT MIR LEID …
ICH DARF HIER ZUSEHEN, WEIL ICH NOCH GESUND WERDEN MUSS! UHHH … DAS SIEHT SO KALT AUS, HAHA!
PLAAATSCH
BWAH!
W… WAS SOLL DAS?!
SPRITZT MICH ARMEN KERL, DER WEGEN KRANKHEIT NICHT MIT-MACHEN KANN, MIT WASSER VOLL!
HM?!
A… AKIRA?!
WAS ZUM TEUFEL …? DU WILLST MIR DOCH WIEDER 'NE ERKÄLTUNG VERPASSEN, DAMIT ICH DICH AN DIE PC ENGINE LASSE!
ACH … ABSCHEULICH. ABSCHEULICH! DIE WAHREN ABSICHTEN DIESER FRAU SIND ECHT ABSCHEULICH!
BLUBB
BLUBB

HI SCORE GIRL

HI SCORE GIRL

LIMONADE
EIS
SONNENCREME NICHT VERGESSEN!
7 CREDITS

MIR SIND SCHLIMME GERÜCHTE ZU OHREN GEKOMMEN, AKIRA.
DASS DU MEINEN UNTERRICHT VERNACHLÄSSIGST UND DICH IN WIDERLICHEN AMÜSIER-ETABLISSEMENTS HERUMTREIBST …
DEINE GESCHWISTER WIDMEN SICH DOCH AUCH VOLL UND GANZ IHREN STUDIEN …
DU HAST DOCH NICHT DEINE PFLICHTEN ALS TOCHTER DER ONO-FAMILIE VERGESSEN, ODER?
ICH, MOEMI GODA, DIE LEHRERIN IM HAUSE ONO …
… WERDE DICH IN DEN SOMMERFERIEN …
… NOCH FLEISSIGER, NOCH ORDENTLICHER UND NOCH INTENSIVER LERNEN LASSEN!
WENN DU GEDACHT HAST, DU KÖNNTEST DIE FERIEN WIE EINE NORMALE GRUNDSCHÜLERIN GENIESSEN, HAST DU DICH GEWALTIG GEIRRT!!

OHOHOHOHOHO
JAAA!
JAAA!
SOMMER-
FERIEN!
SOMMER-
FERIEN!
ENDLICH
SIND
SOMMER-
FERIEN!
NACH DER
SCHULJAHRES-
ABSCHLUSS-
ZEREMONIE
WIRST DU
DENKEN, DU
BIST IN DER
HÖLLE!
PUHH
E… EINE
10-YEN-
SPIEL-
HALLE?!
TOTSUKA-KAUFLADEN
D… DU
VERARSCHST
MICH DOCH?!

DAS IST NUR EINE LEGENDE HIER IN DER GEGEND.
ABER DU WEISST DOCH SICHER, WO SIE IST?!
DEN TAMA FLUSSAUFWÄRTS, SO DREI ZUGSTATIONEN, IN DER NÄHE EINES BADEHAUSES.
HAB ICH ZUMINDEST GEHÖRT...
BOAH!!
DIE SCHEINT EIN MEKKA FÜR SF-II-MATCHES ZU SEIN.
DA WIMMELT'S NUR SO VON GROSSEN VETERANEN.
HIER KOSTET'S 50 YEN UND DORT 10 ... DA KÖNNTEN WIR 'NE MENGE ZOCKEN.
NA, „GOLDFINGER-HARUO", DEIN GAMERHERZ SCHLÄGT DOCH SCHON HÖHER?
UH...
ZUCK
ZUCK
GAH ...
TA... TANTCHEN!
LEIH MIR MAL DEIN RAD!
MACH'S NICHT KAPUTT, HARUO!

WENN ICH NUR DRAN DENKE, WIE ICH MEINER MUTTER DIESES ZEUGNIS VOLLER SECHSEN ZEIGE … ICH KANN NICHT NACH HAUSE!
ICH MUSS LOSFAHREN, NUR FÜR DAS KLEINE BISSCHEN REALITÄTS-FLUCHT!
ALSO! AUF ZUR UN-BEKANNTEN LEGENDÄREN SPIELHALLE! LET'S G…
GAH
?!
AH!
AKIRA!
SAG BLOSS, DU WILLST AUCH DIE WAHRHEIT ÜBER DIESE LEGENDE HE-RAUSBEKOMMEN?
NICK

NA GUT.
DU BIST JA AUCH EIN ZIEMLICH GUTER ARCADE-GAMER.
ACH, WAS SOLL'S ... FAHR MIT!
ABER WENN DU DEN RANZEN AUFLÄSST, WIRD'S UNBEQUEM!
LASS DEN IM LADEN BEI DER ALTEN!
ZIRRRP
WIRF KEINEN MÜLL WEG! DAS IST MEIN REVIER!
ZIIIRP
KLA-VIER!
ENG-LISCH!
SCHWIM-MEN!

WENN WIR AUS DEM WALD RAUSKOMMEN, ERREICHEN WIR DEN TAMA!
DU KENNST DOCH BESTIMMT EINE ABKÜRZUNG?!
ES HIESS DOCH, VON HIER FLUSS-AUFWÄRTS, AUF DEM RADWEG AN DREI STATIONEN VORBEI.
ABER DAS SIND ZU WENIG INFOS, ICH FRAG MICH, OB WIR JE DORT ANKOMMEN WERDEN!
DAS IST 'NE SPIELHALLE, VON DER WIR NICHT MAL WISSEN, OB SIE ÜBERHAUPT EXISTIERT!
KANN SEIN, DASS WIR DAS VÖLLIG UMSONST MACHEN!
NA, AKIRA?
'NE SPIEL-HALLE VOLLER CHAMPIONS! DIR BRENNT'S DOCH IN DEN FINGERN!
ÄHH?
HEY!
WAS WIRD DAS HIER?
DU GIBST KEINEN MUCKS VON DIR, WÄHREND DU MICH HIER ABSTRAM-PELN LÄSST! DIE PIEKFEINE DAME!

WENN ICH MAL GENAUER ÜBERLEGE …
… SIND WIR BEIDE IDIOTEN!
NACH DER JAHRES-ABSCHLUSS-FEIER SOFORT LOSZU-FAHREN …
HEY, AKIRA! ALS DANK DAFÜR, DASS ICH DICH MITNEHME …
… KANNST DU IN DEN FERIEN MEINE GANZEN HAUSAUFGABEN MACHEN, WIE WÄR'S?
DONG
AH, AUA! WAR DOCH NUR'N WITZ!
MANN … DU BIST ECHT EINE VERZOGENE GÖRE!
MACHST SOLCHEN BLÖDSINN, WÄHREND ICH FAHRRAD FAHRE!
HÄTTEN WIR NICHT EIGENTLICH ZU DEN DREI STATIONEN KOMMEN MÜSSEN?
SOLLTEN WIR NICHT MAL VOM DAMM RUNTER-FAHREN?
ÄHM … WAS WAR NOCH MAL DIESE ORIENTIERUNGS-HILFE?
VORSICHT KAPPAS!

ICH HAB NICHT MAL MITTAG GEGESSEN UND FAHR JETZT ZU 'NER SPIELHALLE!
TIPP
TIPP
HM?
AHH, ACH JA!
ES IST IN DER NÄHE EINES BADEHAUSES, HAT ER DOCH GESAGT!
HAB ICH TOTAL VER-GESSEN!!
WAS BIN ICH DANKBAR FÜR DEIN LAUSCH-TALENT …
DONG
AU!
GAMECENTER *GASHADOKURO
*MYTHOLOGISCHES RIESENSKELETT

WIR HABEN'S SO LEICHT GEFUNDEN, DASS ICH FAST SCHON ENTTÄUSCHT BIN.
WARUM DAS ZU 'NER „LEGENDE" GEWORDEN IST, IST MIR ECHT EIN RÄTSEL.
QUETSCH
AU-AU-AU!
WARUM KNEIFST DU MICH?!
WARUM?!
HÄ, HAST DU ANGST?
DANN MUSST DU MICH DOCH NICHT KNEIFEN!
Alle Spiele 10 Yen
SCHAU MAL, AKIRA! „ALLE SPIELE 10 YEN", STEHT DA!
BEI DIESER MIESEN ATMOSPHÄRE BEKOMME ICH ABER EIN UNGUTES GEFÜHL …

BAH!
HIER STINKT'S NACH SCHIMMEL!
UND WIR SIND AUCH NOCH DIE EINZIGEN HIER?
ACHTUNG
2. NICHT LÄRMEN
5. SO MÜDE
DER BESITZER
ES HIESS DOCH, DASS SICH HIER SF-II-PROFIS TREFFEN?!
NA … NA GUT.
WIR SIND JA EXTRA HER-GEKOMMEN, ALSO SCHAUEN WIR MAL REIN …
AH!
STREET FIGHTER
CAPCOM
DAS IST DOCH DAS ERSTE STREET FIGHTER?!
HM?

DIE RIESEN-KNÖPFE SIND DIE BESONDERHEIT AN SF I. DIE SCHLAGSTÄRKE ÄNDERT SICH, WENN MAN SIE LEICHT ODER STARK DRÜCKT.
IST DOCH GANZ ANDERS ALS DIE SECHS KNÖPFE BEI SF II, ODER?
DARUM GEHT AUCH DIE EIGENE KRAFT FLÖTEN, WENN MAN STARKE ATTACKEN AUSFÜHRT!
BAMM
DAS SPIEL BASIERT DARAUF, DASS MAN AUFS GEHÄUSE HAUT … IST DOCH KAUM ZU FASSEN!!
BAMM
GRUSELIGER LADENBE-SITZER. UND HIER GIBT'S KEINS DER NEUESTEN SPIELE!
SOWAS WIE SF II FINDET MAN NIRGENDS …
GAH … WEIL WIR WOHL AUF EIN FALSCHES GERÜCHT REINGE-FALLEN SIND!
NA GUT … DANN WERDEN WIR HEUTE MAL GANZ UNVERFÄLSCHT RETRO-GAMES GENIESSEN …
DAS IST „HEIANKYO ALIEN!"
SO SEH ICH DAS ZUM ERSTEN MAL!

„CRAZY CLIMBER"!
„POOYAN"!
„ELEVATOR ACTION"!
KRAAASS … IST IN DIESER SPIELHALLE DIE ZEIT STEHENGE-BLIEBEN?
DASS SF I DAS NEUESTE GAME HIER IST, FIND ICH BESONDERS ERSCHRE-CKEND!
I…HI… HI…HI…
DAS HIER WAR FRÜHER DAS „INVADER HOUSE".
ICH HABE ES 1979 ERÖFFNET, ALS „SPACE INVADERS" ZUM KASSEN-SCHLAGER WURDE.
DIE AUTOMATEN QUOLLEN VOR 100-YEN-MÜNZEN SCHON ÜBER, SO GUTEN GEWINN HABE ICH GEMACHT!
ABER DER BOOM ENDETE NACH ETWA EINEM HALBEN JAHR …
ICH HABE SO VIELE AUTOMATEN GEKAUFT … UND SO VIEL GEWEINT …
HEY, AKIRA! HIER GIBT'S „SPACE HARRIER"!
SCHADE, DASS MAN ALS SPIELER NICHT KOM-PLETT EIN-BEZOGEN WIRD …
ABER ES IST ANSCHEINEND EIN MEISTER-WERK, DAS DIE GAMER DAMALS BEEINDRUCKT HAT.

WIE OFT HABE ICH SCHON ÜBERLEGT, MICH ÜBER NACHT AUS DEM STAUB ZU MACHEN!
SCHLUCHZ
DER BESITZER IST MIR NICHT GEHEUER ... ABER IST ECHT KEIN SCHLECHTER LADEN, UM SICH DIE ZEIT ZU VERTREIBEN.
SELBST DIE GREIF-AUTOMATEN SIND QUASI ANTIK!
ALS ICH KLEIN WAR, HAB ICH DEN AUF DEM DACH EINES KAUFHAUSES GESEHEN ...
UH ...
DIE GEWINNE SIND BILLIGE UHREN UND RINGE UND SOWAS.
ZIEH
HM?
WAS IST?
NICK
IST SCHON SUPER, DASS ALLES NUR 10 YEN KOSTET ...
... ABER DAS HIER IST EIN DÜSTERER ORT, DER VIEL DURCH-GEMACHT HAT.
HAST DU GENUG, AKIRA?
KOMM, LASS UNS HEIM GEHEN.
WIR HABEN JA AUCH DIE WAHRHEIT HINTER DER LEGENDE RAUSGE-FUNDEN.
?

VER-DAMMT!!
ICH HAB DEN SCHLÜSSEL VOM RAD IN DER SPIELHALLE GELASSEN!
ICH GEH KURZ REIN UND …
… HOL IHN?!
MIETER GESUCHT
090-XXXX-XXXX
SUCHEN MIETER – HARTNÄCKIGE SIND GEFRAGT!
ÄH?
HÄ?
WAS ZUM … TEUFEL?
DIE 10-YEN-SPIELHALLE WAR DOCH VORHIN NOCH …?!
DIE GIBT'S SCHON LANGE NICHT MEHR!

DER BESITZER HAT PLEITE GEMACHT UND IST 1987 …
… ÜBER NACHT AB-GEHAUEN. ICH MEINE … INS JEN-SEITS.
ER HOFFTE BIS ZUM ENDE AUF EINEN NEUEN BOOM WIE BEI „SPACE INVADERS“ …
1987 …
DA KAM SF I RAUS …
W… WENN ER NOCH 4 JAHRE GEWARTET HÄTTE …
… BIS ZUM JAHR, ALS ES MIT SF II SO RICHTIG LOSGING …
BIBBER
ZITTER
WUSCH
PAMM
AU… AU… AUA!
WARUM ZEIGST DU IMMER MIT GEWALT, DASS DU ANGST HAST?!

DAS WIRD ECHT LANGE DAUERN, WENN WIR LAUFEN …
MIT DEM RAD WÜRDE ES SO SCHNELL GEHEN …
DIE ALTE WIRD UNS RICHTIG ZUSAMMENFALTEN …!
WIR WERDEN MIT 'NEM ERSATZSCHLÜSSEL NOCH MAL HINFAHREN MÜSSEN …
GUCK MAL, AKIRA!
ES IST JA SCHON ABEND!
WIR SIND DOCH NACHMITTAGS IN DIE SPIELHALLE GEGANGEN UND WAREN NUR 'NE HALBE STUNDE DRIN …
ES SIND GANZE FÜNF STUNDEN VERGANGEN?! ECHT, ALS OB WIR IN EINER ANDEREN DIMENSION WAREN!
SIND WIR ETWA IN DIE ERINNERUNGEN DIESES GRUSELIGEN LADENBESITZERS GERATEN?
WIR HABEN ECHT EINEN BLICK IN DIESE LEGENDE ERHASCHT …
… AUCH WENN ES DORT KEIN SF II GAB …
SCHNIEF
うる
うる
SCHNIEF

BOMM
...
WENN WIR MIT DEM ZUG HEIM WOLLEN, MÜSSEN WIR ZUM ANDEREN FLUSSUFER.
FSCHAA
DIE LANGE STRECKE ZU FUSS ZU GEHEN, WÄRE FÜR DAS FRÄULEIN ZU HEFTIG.
DAS WÄRE AUCH EIN ZEIT-PROBLEM. DANN KÖNNTE DIE PRINZESSIN NOCH RUM-NÖRGELN ...
METZGEREI AM ECK
GRRRMM
WIR HABEN JA AUCH SEIT HEUTE MITTAG GAR NICHTS GEGESSEN ...!
GUCK!
GUT, DASS HIER EIN LADEN IST!!

*FRITTIERTE FLEISCHPASTETE

SIND DEINE FÜSSE AUFGESCHEUERT?
DU BIST JA AUCH IN SOLCHEN HARTEN LEDERSCHUHEN RUMGELAUFEN …
TUT MIR ECHT LEID …
WENN ICH NUR DEN FAHRRADSCHLÜSSEL NICHT VERLOREN HÄTTE!
Schlüssel
DER IST JETZT IRGENDWO IN DER ANDEREN DIMENSION …
OK, ES GEHT JA NICHT ANDERS!
SST
WENN DU MEINE ANZIEHST, KOMMST DU OHNE SCHMERZEN NACH HAUSE!
IST 'NE GUTE IDEE, DENK ICH!
HM?
WILLST DU NICHT?
HUCKEPACK WÄR JA QUATSCH! DU SIEHST SCHWER AUS …
DONG
WAAH! HEY!

たす
TAPP
たす
TAPP
...
IST ES FÜR DICH OK, WENN DU NICHT SO SCHNELL HEIMKOMMST?
VON MIR MAL ABGESEHEN, ABER MACHEN SICH DEINE ELTERN KEINE SORGEN?
JUNGE DAAAME! WO SIND SIEEE?
WRUUUMM
ACH!
GUCK MAL!
DER ALTE BUTLER MACHT SICH NATÜRLICH SORGEN!
SST
ス...
?!
FRAU GODA IST IM HAUSE UND SEHR VERÄRGERT!

ACH SO!
IST SIE WIE ICH VOR DER REALITÄT GEFLOHEN?
WENN SIE NACH HAUSE KOMMT, WARTET HARTER UNTERRICHT AUF SIE ...
SIE IST ECHT MEHR ZU BEMITLEIDEN ALS ICH.
S... SAG MAL ... KANNST DU DIE SOMMERFERIEN EIGENTLICH NOR-MAL GENIESSEN?
...
ALSO ...
... WENN'S DIR ZU VIEL WIRD, DANN FLIEHEN WIR WIEDER ZUSAMMEN.
ICH NEHM DICH WIEDER IN SO 'NE KOMISCHE SPIELHALLE MIT!
IN DIESE RIESEN-SPIELHALLE IN KAWASAKI ...
... ODER IN SO 'NE SPIELHÜTTE, WO ES NUR EINEN AUTOMATEN GIBT.

ICH HAB AUCH VON EINEM ALTERSHEIM GEHÖRT, WO MAN MIT AUTOMATEN KINDER MOTIVIEREN WILL, DASS SIE DEN ALTEN DORT EINE FREUDE MACHEN!
DAS GANZE GELD ZUM SPIELEN BEKOMMEN SIE DORT VON DEN ALTEN LEUTEN!
KRAAASS, ODER?

HARUO!
EIN ZEUGNIS NUR MIT SECHSEN?!
PC Engine
ZUR STRAFE SCHLIESS ICH DEINE PC ENGINE WEG!
SAG MIR, DASS DAS NICHT WAHR IST!
HMPF …
SIE NIMMT GEWISSEN-HAFT AN MEINEM UNTERRICHT TEIL …
… SIE HAT EINE GUTE HALTUNG UND MACHT EINE GUTE MIENE.
WOHER HAT SIE BLOSS DIE MOTIVATION GENOM-MEN?

HI SCORE GIRL

HI SCORE GIRL

8 CREDITS

ZIIIRP
イイ
ZIIIRP
イイ
夕暮商店
Uhhhh
YOU LOSE
PUHH…
んふー
A… AKIRA?
8
7
…
NANU? DAS PASSIERT DOCH SONST NICHT?
DU WIRST MITTENDRIN PLATT GE-MACHT? DU HAST DOCH M. BISON NUR MIT DEM LEICHTEN KICK BESIEGT!

SCHAU MAL! DU HAST NICHT ALLES GEGEBEN, DARUM WURDE DHALSIM FERTIG GEMACHT. DER ARME!
IST IRGENDWAS?
...
HM, OK ...
DU BIST BESTIMMT NERVÖS, WEIL DIE SOMMER-FERIEN BALD ZU ENDE SIND.
ACH JA! DIESER DOI HAT ALLE EINGELADEN, ZUSAMMEN IN EINEN BLUMEN-GARTEN ZU GEHEN.
SOGAR ICH WURDE GEFRAGT ... KOMMST DU AUCH?

HEEEY! WARTET DOCH MAAAL!
LAHMÄRSCHE WERDEN OHNE GNADE ZURÜCKGE-LASSEN!
WEIL ALLE AUF SIE WARTEN MÜSSEN!!
GAH ... SAGT HIER, DASS „ALLE WARTEN MÜSSEN“, WIE DEPRI-MIEREND ...

Es gab Gegenwind, darum bin ich so spät.
WAS FÜR EIN TRÄGER, UNCOOLER KERL … WIE IMMER …
ABER DAS IST AUCH GUT SO!!
JE UNCOOLER DIE ANDEREN TYPEN SIND, DESTO MEHR KOMMT MEINE EIGENE COOLNESS ZUR GELTUNG!
WIR SIND GRUNDSCHÜLER! UND DAS HIER SIND UNSERE LETZTEN SOMMERFERIEN!
IST DOCH TOLL, DASS JUNGS UND MÄDELS FÜR SCHÖNE ERINNERUNGEN AN SO EINEN ORT KOMMEN!
OPAAAA!!
CHIN-ROOO!
PFF …
AKIRA …
EIN DATE ZU ZWEIT WURDE VON DIR ERBARMUNGSLOS ABGELEHNT …
… ABER WENN ALLE ZUSAMMENKOMMEN BIST DU JA NICHT MEHR SO VERLEGEN?
DARUM HAB ICH AUSSER DIR NOCH DIESES NIEDERE VOLK EINGELADEN.
PLOPP
BEI DIESER SELTENEN GELEGENHEIT KANN ICH MEINEN MARKTWERT ERHÖHEN UND IHR NOCH NÄHER KOMMEN.
UND DANN MUSS ICH SIE DAZU BRINGEN, MEINE ZUKÜNFTIGE BRAUT ZU WERDEN!

*ANSPIELUNG AUF DEN MANGA „LEBERBLÜMCHEN" VON RENSUKE OSHIKIRI

HEY, DOI!
DER GARTEN BEFINDET SICH DOCH NEBEN EINEM VERGNÜGUNGS-PARK, ODER?
LASS UNS DOCH DORT HINGEHEN!
DU ... GEHT'S HIER NUR UM DICH?
LOS, LOS! LET'S GO!
BU-HIA-HIAAA!
AH ... SELBST AKIRA GEHT MIT.
DABEI IST DAS DOCH HIER DIE BESTE BÜHNE, UM DIESER EDLEN BLUME ZU HULDIGEN!
PARK PLAN
UNTER DEN GANZEN ATTRAKTIONEN GIBT'S NUR EINES, DAS MEIN HERZ HÖHER SCHLAGEN LÄSST ...
DIE GAME-ECKE!
BUHAHA! HUIII!
FSCHUUM
...
GEISTERHAUS
HE-HEHE ... EIN VERGNÜ-GUNGS-PARK?
DAS IST DOCH DER PERFEKTE ORT, UM IHR MEINEN MUT ZU ZEIGEN.
WENN DU DIE AUGEN SCHLIESST, BRAUCHST DU KEINE ANGST HABEN ...
UND DAMIT SIE IHR HERZ AN MICH VERLIERT, WERDEN WIR ACHTERBAHN FAHREN.

DAS WIRD NUR MÖGLICH, WENN ICH IN PHASE ZWEI MIT IHR ALLEIN BIN!
IN PHASE DREI AUCH!
AKIRA STARRT LÖCHER IN DIE LUFT. DIE IST GAR NICHT BEGEISTERT …
WAS FÜR'N UNGLÜCKLICHES MÄDEL … TOTAL!
KOENJI
AKIRA, WIE WÄR'S, WENN WIR ZUSAMMEN ZU „ABENTEUER IM WUNDERSAMEN WALD" GEHEN?
HAUS DER SPIEGEL
ODER INS SPIEGELKABINETT?
ICH WERDE DICH GANZ SCHNELL ZUM AUSGANG BEGLEITEN, OHNE DASS WIR UNS VERLAUFEN!
ABER DAS WÄR DOCH VOLL WITZIG!
DU VERSTEHST DEN SPASS DABEI NICHT!
!!
DIESES GEFÜHL, ALS ICH MICH IN „DRAGON QUEST II" IN DEM SCHEISSSCHWEREN DUNGEON IMMER WIEDER VERIRRT HABE, UND ENDLICH ANS ZIEL GEKOMMEN WAR …
… DAS WERD ICH NIE VERGESSEN!

AH!
D... DU GAMER-TROTTEL QUATSCHST UNS MIT BLÖDSINN VOLL!!
NGGHHH
UAH!
HAST DU DIR GEL IN DIE HAARE GEHAUEN? DU SCHMIER-LAPPEN!
HEY HEY!
WIR TEILEN UNS AUF UND DANN FAHREN WIR PAARWEISE AUF DEM DING DA!
DAS WIRD BESTIMMT RICHTIG LUSTIG!
ACH JA?
DIE IDEE IST NICE, ONIZUKA!
NA DANN SOLLTE ICH, DER GASTGEBER, DIE PÄRCHEN AUSWÄHLEN ...
UND ICH WERDE MIT AKIRA EIN PAAR BILDEN, ALSO HABT VIEL SPASS DA OBEN!
WAS IST MIT DER LOS?!
GENTLE-MEEEN! ♡
GAAAAAH!
OH? NA DAZU MUSS ICH WOHL NICHTS SAGEN!

VERDAMMT, WENN ICH DOCH NUR SOFORT ZUR GAME-ECKE KÖNNTE …
HARUO, HARUO!
WENN WIR EIN-GESTIEGEN SIND …
… ZEIG MIR MAL, OB IN DEINEM LULU KNOCHEN SIND …
WAS LABERST DU DA?! WARUM SOLLTEN DA KNOCHEN DRIN SEIN?!
BIST DU BE-SCHEUERT?
NICHT MIT DEN AUGEN, ICH MUSS MIT MEINER HAND NACHSEHEN, SONST GLAUB ICH DIR NICHT!
NEIN!
DAS WIRST DU NICHT, DU EKEL!
WAMM
HEY … WAR…
DAS HIER VER-ANSTAL-TET DOI SOWIESO NUR FÜR AKIRA …
ICH HAB SCHON GEAHNT, WIE BLÖD DAS WIRD …
WENN ICH IN DER GAME-ECKE GEWESEN BIN, FAHR ICH NACH HAUSE UND MACH HAUSAUF-GABEN.
ECHT HART, WENN ICH DARAN DENKE, DASS DAS DIE LETZTE SPIEHALLE IN DEN FERIEN SEIN WIRD …

ACH, SIEHT NACH 'NER TYPISCHEN SPIELHALLE EINES VER-GNÜGUNGS-PARKS AUS!
DIE SPIELE STAMMEN ALLE AUS DER LETZTEN GENERATION.
DIE GEWINNE IN DEN GREIF-AUTOMATEN SIND SO-WIESO ALLE KACKE.
WIE DEM AUCH SEI, AN SO EINEM ORT KOMM ICH AM BESTEN ZUR RUHE!
HÄ?!
AKIRA?!
AHA-HAHA!
HAST DU'S ALSO AUCH NICHT MEHR AUS-GEHALTEN UND BIST HIERHER GEFLOHEN?

JA, HIER GEHÖR ICH HIN!
HIER MUSS ICH MICH NICHT AN ANDERE LEUTE ANPASSEN!
GOLDEN AXE
1 OR 2 PLAYER START
SEGA
OH, „GOLDEN AXE"!
DAS HAB ICH SCHON GEZOCKT, BEVOR „FINAL FIGHT" RAUSKAM!
MAN KANN AUF DEN GEGNERISCHEN MONSTERN REITEN! ZIEMLICH DETAILVERLIEBT, ODER?
OH, DAS IST DOCH „CAMELTRY"!
CAMELTRY
PUSH START BUTTON
TAITO
ALL RIGHTS RESERVED
MAN DREHT DAS BILD IM SPIEL UND FÜHRT DABEI DIE KUGEL INS ZIEL.
Drehsteuerung
う… UH
NA?
WENN MAN'S NICHT GEWOHNT IST, WIRD EINEM ÜBEL. KOMISCHES SPIEL, ODER?
DU HAST HEUTE DEN GANZEN TAG SO GRIMMIG GESCHAUT. WARUM BIST DU DENN GEKOMMEN?
WENN DU AN SOWAS KEINEN SPASS HAST, HÄTTEST DU BESSER NICHT MITKOMMEN SOLLEN …

AH!
AAACH, VERSTEHE, VERSTEHE!
ES GIBT ETWAS, WORAN DU NICHT DENKEN WILLST! DU MACHST JA SO EIN TRAURIGES GESICHT.
NA JA, ICH HAB AUCH WAS, WORAN ICH NICHT DENKEN WILL!
Hausaufgaben
ALSO LASS UNS ZOCKEN!!
VERGISS DOI UND DIE ANDEREN!
BEI SF II STEHT MAN NATÜRLICH SCHLANGE ...
... UND ES IST BLOSS EIN AUTOMAT FÜR EINEN EINZEL-SPIELER.
WENN WIR EINFACH NUR WARTEN, WIRD DER PARK BALD GESCHLOS-SEN!!
Warten, bis man drankommt ...
ZERR
URRGH!
HMM? WAS IST DENN?!
ÄHH?!

DARIUS II
AH! „DARIUS II"!
SO RIESIGE AUTOMATEN STEHEN IN DEN KLEINEN SPIELHALLEN BEI UNS NICHT RUM!
TAITO
DER AUTOMAT DES ERSTEN GAMES HATTE EINEN DREIFACH-BILDSCHIRM. DAS WAR'N UNGLAUB-LICHES SPIEL.
DER HIER HAT LEIDER NUR EINEN DOPPELBILD-SCHIRM.
IST ABER TROTZDEM KRASS, ODER? DASS MAN ZU ZWEIT SPIELEN KANN, MACHT MICH NOCH JUCKIGER …
ABER IST NICHT SO TOLL, DASS MAN SICH GEGENSEITIG TREFFEN KANN. MAN WÜRDE SOFORT AB-GESCHOSSEN WERDEN …
HM? WAS GIBT'S DA?
AH, IST DAS „SPACE GUN"?
SPACE GUN
DAS IST EIN LIGHT-GUN-SHOOTER, DER WIE DER FILM „ALIEN II" AUSSIEHT. KANNST DU DIR JA BESTIMMT VORSTELLEN?
GRUSELIG UND BRUTAL. DU MACHST DIR DABEI VIELLEICHT IN DIE HOSE!
WOLLEN WIR'S ZOCKEN?
NICK

PANG PANG
PANG
PANG
ZURÜCK!
AKIRA, GEH ZURÜCK!
PANG PANG
WENN MAN AUFS FUSSPEDAL TRITT, KANN MAN IM SPIEL RÜCKWÄRTS GEHEN.
KLACK
MAN KANN DAMIT DIE ALIENS AUF DISTANZ HALTEN UND DABEI SCHIESSEN!!
HEY, DU LÄSST DEN FUSS AUF DEM PEDAL?
ES BRINGT NIX, WENN WIR NICHT VORWÄRTS KOMMEN …
HEY!
KLACK KLACK KLACK
WAR DOCH SUPER, ODER?
NACHDEM WIR MIT DEM SPIEL FERTIG WAREN, BIST DU PLÖTZLICH SO MÜDE GEWORDEN … WEGEN DEINER ANGST?
SCHWANK
ZITTER
NA, DANN LASS UNS MAL ZU DOI ZURÜCKGEHEN.
DER HAT DIESEN TAG FÜR DICH GEPLANT. MAN KANN IHN ECHT NUR BEMITLEIDEN!

ÄH ...
WAS DENN?
HM?
MUSST DU PINKELN?
...
NEIN? WILLST DU „FINAL FIGHT" SPIELEN?
PATSCH
AU!
ABER WENN WIR DAS JETZT ZOCKEN, WERDEN DIE ANDEREN OHNE UNS GEHEN!

SCHWANK
SCHWANK
UHH …
WO IST AKIRA?
DONG
EY!
…
ICH HATTE GEHOFFT, BEI AKIRA BIS PHASE VIER ZU KOMMEN … IST DAS HIER MEINE STRAFE?
SIE IST BEIM RIESENRAD WEGGERANNT UND STATT MIT IHR MUSSTE ICH …
… MIT DER DA ZU ZWEIT EINSTEIGEN … UND DANN HAT SIE NACHGESCHAUT, OB ICH „KNOCHEN IM LULU" HABE …
Die da
BA-BA-BAFF
De-Yaaa!
DE-YAAA!
OHHH … SIE IST WIEDER DABEI, ES KOMPLETT DURCHZUZOCKEN …
MANN … ICH HAB ÜBERHAUPT KEINE AHNUNG, WAS IN DEM FRÄULEIN VORGEHT …
„FINAL FIGHT" KÖNNEN WIR DOCH BEI UNS SO VIEL ZOCKEN, WIE WIR WOLLEN …
…
OK, ABER DU HAST JA AUCH IMMER LUST DARAUF, AKIRA!

GUCK MAL, AKIRA!
DER HIMMEL IST SCHON ORANGE!
WIR WURDEN ANSCHEINEND ECHT HIER ZURÜCKGE- LASSEN!!
DU HAST DEN ENDBOSS BELGER BESIEGT, OHNE EINMAL GESTORBEN ZU SEIN!
DAS IST ECHT VOLL KRASS!
HM? WAS IST?
ABENTEUER IM WUNDERSAMEN WALD
AH, DIE BUDE, DIE DOI BESUCHEN WOLLTE …
DAS IST DOCH WAS FÜR KINDER!
DAS KOSTET 400 YEN? DAFÜR SPIEL ICH LIEBER BEI MIR IN DER GEGEND ACHT MAL SF II!

AH-HIA-HA-HIA
IH-HI-HI-HI
ZUCK
BONG
AU!
DAS IST ZWAR FÜR KINDER, ABER GRUSELIGER ALS ERWARTET …
HAB ICH ECHT UNTERSCHÄTZT!
WWMM
ZITTER
ZITTER
APROPOS, SEIT WIR HIER SIND, HABEN WIR NUR GEZOCKT!
HAUS DER SPIEGEL
DANG
GAH …
VERDAMMT!!
ICH RAFF NICHT, WO DER AUSGANG SEIN SOLL!!

ゴオオオオーッ
WUUUUSCH
AKIRA ...
... MACHT'S SPASS!
MAN SIEHT'S IHR NICHT WIRKLICH AN, ABER ICH SPÜRE ES IRGENDWIE ...
SAG MAL, AKIRA ... HABEN DICH DEINE ELTERN SCHON MAL IN EINEN VERGNÜGUNGSPARK MITGENOMMEN?
SCHWANK
SCHÜTTEL
DACHT ICH MIR.
WAS SOLL'S! ICH WERD DEM ARMEN MÄDEL BIS ZUM SCHLUSS IHRE WÜNSCHE ERFÜLLEN!
WO GEHT'S JETZT HIN?
ÄH ... DAS WAR DOCH VORHIN ...
SIE WOLLTE JA NICHT MIT DOI FAHREN?

BA-DUMM
NANU? WARUM BIN ICH GERADE...
... SO NERVÖS?
TUUUT MIR LEID! HEUTE FÄHRT NICHTS MEHR!
GESCHLOSSEN
UND WARUM BIN ICH JETZT ERLEICHTERT?

WRUUUMM
DIE SIND JA ECHT FRÜHER NACH HAUSE GEFAHREN!
NA JA ... IST JA AUCH UNSERE SCHULD, WEIL WIR DIE GANZE ZEIT GEZOCKT HABEN.
SCHLUCK
POMM
HAH
...
SIE IST EINGE-SCHLAFEN ...

IHR GING'S IN LETZTER ZEIT NICHT GUT.
SIE HAT WOHL AUCH MIT SO MANCHEN SACHEN ZU KÄMPFEN ...

DIING-DOONG
AAACH …
JETZT HAT'S ALSO ANGEFANGEN, DAS HÖLLISCHE ZWEITE HALB-JAHR …
DIE SCHULGLOCKE HAB ICH LANGE NICHT MEHR GEHÖRT. HÖRT SICH SCHRECK-LICH AN …
HEY, SCHON GEHÖRT?
AKIRA KOMMT HEUTE NICHT!
SIE WECHSELT ANSCHEINEND WEGEN IHRER FAMILIE DIE SCHULE!
HÖÖH …?! ERNST-HAAAFT?!

IST DAS BLOSS EIN UMZUG?
ODER LASSEN SICH IHRE ELTERN SCHEIDEN ODER SO?!
HAB GEHÖRT, DASS SIE INS AUSLAND ZIEHEN …
WAS MACHT DIE HIER IN MEINEM TERRITORIUM?!
VERDAMMT! VERDAMMT!! VERDAMMT!!!
DABEI GEHT DOCH NÄCHSTES JAHR DIE MITTELSTUFE LOS!
UND TROTZDEM WECHSELT SIE JETZT DIE SCHULE?
IST JA ECHT TRAURIG, DASS SIE DIE ABSCHLUSSFEIER NICHT MITERLEBEN KANN!!
Äh? Was, was?!?
DU BIST DOCH 'NE STREBERIN, WARUM KOMMST DU DANN IN SO EINE SPIELHALLE?!
ABARTIG!!
WARUM …

... SCHOCKIERT MICH DAS SO?

HI SCORE GIRL

HI SCORE GIRL

Akiras Abschiedsfeier
AKIRA WIRD HEUTE ABEND JAPAN VERLASSEN UND NACH L.A. FLIEGEN.
HÄÄÄ?
NEIIIN!
9 CREDITS
NEIN, NEIN, NICHT „HÄÄÄ"! ICH HABE EUCH DAS DOCH SCHON LÄNGST GESAGT!!
JEDER BEREITET JETZT ZUM SCHLUSS AKIRA EINEN HEEERZLICHEN ABSCHIED!
Abschieds-brief
珍粕

ICH HAB FÜR DICH NIEDLICHE SCHREIBWAREN AUSGESUCHT!!
KAKIS …
HIER IST MEIN SCHNELLSTES MINI-AUTO MIT VIERRADANTRIEB. BITTE NIMM ES!!
NIMM LIEBER MEIN GESCHENK, STATT DIE KLEINIGKEITEN VON DIESEM PÖBEL!
Schrecklich.
DIESE GROSSE PUPPE SYMBOLISIERT, WIE VIEL ICH FÜR DICH EMPFINDE!
HABEN JETZT ALLE IHRE GESCHENKE AN AKIRA ÜBERREICHT?
HARUO HAT IHR NOCH NICHTS GEGEBEN!
HARUO … HAST DU ETWA …?
ICH HAB'S VERGESSEN …
ENTSETZLICH!
WIR HABEN UNS DOCH GEEINIGT, DASS JEDER ETWAS KAUFT!!
DENKST DU NICHT AN DEN MENSCHEN, DEN DU VERABSCHIEDEST?!

ENTSCHULDIGE DICH, HARUO!! DU BLÖDARSCH!
AUCH DAFÜR, DASS DU SO EIN SCHULVERSAGER BIST!
WAS SOLL DAS DENN JETZT?!
MANN ...
HEY!
VOR DER KLASSE STREIT ANZUFANGEN, WÜRDE BÖSE ENDEN ...
WENN DU GEHEN WIRST, DANN GEH DOCH EINFACH!
ICH FÜHL MICH BEFREIT, JETZT ENTWEIHST DU NICHT MEHR MEINE HEILIGEN HALLEN!!

WAS SAGST DU DA, HARUOOO?
JUNGS WIE DICH SCHNAPP ICH MIR!
„HEILIGE HALLEN"? WAS IST DAS?
EIN UNFASSBAR GRAUSAMER TYP IST DAS!
DAS LETZTE!
DEN SOLLTEN WIR IGNORIEREN!!
AKIRA!! WIR HÄTTEN DICH GERN AUF DER ABSCHLUSSFEIER VERABSCHIEDET, ABER ES GEHT NICHT ANDERS …
PASS DA DRÜBEN AUF DICH AUF!!
HUH …
… UHUU …
AKIRAAA!
AKIRA!
ALLES GUTE!
ICH LIEBE DICH!
AKIRAAA!

MACH'S GUT, AKIRAAA!
WRUUUMM
AKIRAAA!
IHR DA! ICH HAB DOCH GESAGT, IHR LAUFT ZUM ABSCHIED NOCH FÜNF METER HINTERHER!
TAPP TAPP TAPP
HAAACH …
… UND SO IST DIESE KOSTBARE AUGENWEIDE VON DER SCHULE VERSCHWUNDEN.
ICH?!
DIE EINE BLUME, DIE UNS IMMER ERFREUT HAT …
JA, ICH!!

IST JA NICHT SO, ALS HÄTTE ICH DAS GESCHENK VERGES-SEN …
ICH HATTE BLOSS KEINE IDEE, WAS ICH SO EINEM KOMISCHEN MÄDEL SCHENKEN KÖNNTE …
DIE 1.000 YEN, DIE ICH VON MAMA FÜRS GESCHENK BEKAM…
… WERD ICH FÜR SNACKS UND FÜRS SPIELEN AUSGEBEN!!
50 Yen-Spiele
HMPF …
WARUM …
… MUSS ICH IHR ÜBERHAUPT WAS SCHENKEN?
DIE HAT MIR IMMER WIEDER MEINE RUHEOASE KAPUTT GEMACHT.
SIE IST DIEJENIGE, DIE MEINEN STOLZ ZERFETZT HAT.
MEINE GRÖSSTE RIVALIN HAT DEN RING VERLASSEN, JETZT GEHT DIE LEGENDE VON „GOLD-FINGER HARUO“ WEITER!!
ENDLICH KANN ICH WIEDER VOLLER STOLZ DIE SPIELHALLEN BESUCHEN!!

MEINE ...
DAS IST MEINE WELT ...
ICH MOCHTE ES SCHON IMMER, SO ALLEIN ZU SPIELEN.
KEINER NERVT MICH UND ES GIBT KEIN GEMECKER ...
GAMES SIND MEINE EINZIGE STÄRKE ...
ABER ...
AH ... DIE SCHON WIEDER ...
FLUPP
... ALS SIE AUFGETAUCHT IST ...
... UND ICH GEMERKT HAB, DASS ICH NICHT AN SIE RANKOMME ...
... HAT SICH DAS ANGEFÜHLT, ALS WÜRDE MEIN STATUS ZERRISSEN WERDEN.
HASSENSWERT, NERVIG, WIDERLICH ...
... UND ABSCHEULICH WAR SIE.
ABER WENN ICH IN DIE SPIELHALLEN KAM ...
... HAB ICH AUS IRGENDEINEM GRUND IMMER NACH IHR GESUCHT.

ICH HAB SIE RES-PEKTIERT …
IHRE FÄHIG-KEITEN MUSSTE ICH EIN-FACH ANER-KENNEN.
… UND IHR CHA-RAKTER HAT MICH VER-ZAUBERT.
ZUM ERSTEN MAL HATTE ICH EINE GLEICHGE-SINNTE.
MEIN HERZ SPRANG VOR FREUDE!
YAY!
Haruo …
Haruo!!

Ist das alles, was du drauf hast ... an Gefühlen?!
Sei ehrlich zu dir selbst, Haruo!
Dein Kampf mit diesem Mädchen ist noch nicht vorbei!
Sonic Boom!
Dein Kampf ...
... wird mir neue Kraft geben!

BAMM
Hehehe ... Haruo!
Freut mich, deine Bekanntschaft zu machen!
Wenn du weiter so angibst ...
... wirst du's noch bereuen!
FINAL FIGHT
Wa-Ha-Ha-Ha!

Wie viel Zeit haben wir noch?
FINAL LAP
Gar keine!!
GHOSTS 'N GOBLINS
HEUTE ABEND FLIEGT SIE NACH L.A. ...

Geh ...
をうて
... und töte Yori-tomo!
GENPEI TOMADEN
Ich darf nicht mehr traurig sein!
Ab heute bin ich wieder ein normales Mädchen!
STREET FIGHTER II
Wooh! (Haruo!!)
Wooh! (Haruo!!)
STREET FIGHTER II
Glotz doch nicht so blöd!!
HAMMERIN' HARRY
いくぜっ！
Lauf verdammt noch mal los!!

Looos!
KING OF THE MONSTERS
Renn!
BANG
Schnell!
Fix!
SUPER HANG-ON
Hurtig!

AKIRA!
WUUUUSCH

JUNGE DAME … SCHADE, DASS WIR DICH NICHT BEGLEITEN KÖNNEN.
DEIN BUTLER IST PACHINKO-SÜCHTIG, DARUM …
… MÜSSEN WIR IN JAPAN BLEIBEN.
JUNGE DAME, ALLES GUTE FÜR SIE IN LOS ANGELES.
FALLS DA DRÜBEN JEMAND STREIT SUCHT, HAU VOLL DRAUF!

...
ÄH ...
HAH ハア
HAH ハア
ÄHM, AKIRA ...

VON SNK KOMMT …
… EIN KAMPFSPIEL NAMENS „FATAL FURY" RAUS.
ICH DACHTE MIR SCHON, DASS NOCH SO EIN SPIEL RAUSKOMMT, WEIL SF II SO BELIEBT IST.
ICH DENKE MAL, DASS ES IN DEN SPIELHALLEN JETZT RICHTIG ABGEHEN WIRD!
JETZT KOMMEN IMMER MEHR GAMES, VON DENEN WIR NICHT MAL TRÄUMEN WÜRDEN!
ECHT SCHADE, DASS DU GERADE JETZT INS AUSLAND GEHST …
… UND TRAURIG, DASS ES KEINE KONKURRENZ MEHR GEBEN WIRD … WAS SOLL'S.

ICH HAB VON MEINER MUTTER 1.000 YEN BEKOMMEN, FÜR EIN GESCHENK AN DICH.
ABER ICH MUSSTE DIE FÜR DIE HERFAHRT NEHMEN …
… UND ICH MUSS NOCH NACH HAUSE KOMMEN …
ALSO KONNTE ICH DIR NICHTS KAUFEN.
TUT MIR LEID.

DEN HIER …
… HAB ICH BEIM GREIF-AUTOMATEN IM GASHADOKURO GEWONNEN. DA WAREN WIR ZUSAMMEN.
ICH WOLLTE DEN MEINER MUTTER ZUM MUTTERTAG ODER SO SCHENKEN …
… UND HAB IHN IN MEINEM GELDBEUTEL VERSTECKT.
DER …
… IST NIX BESONDERES UND ES IST DIR VIELLEICHT UNANGENEHM, ABER …
… ICH HAB NIX ANDERES, DAS ICH DIR GERADE GEBEN KANN …
BITTE NIMM IHN!

AKIRA?!
AKIRAAA! WIR MÜSSEN LANGSAM ...
A...
WUUUSCH
AKIRA ...?

WAAAAAAAAH!
A... AKIRA, WAS MACHST DU DENN?
WÄÄÄÄÄÄH
WIR VERPASSEN NOCH DEN FLIEGER!!

AKIRA!!
ES REICHT! MEINE GÜTE, DIESES KIND ...
AU... AU... AU... AUA!
KRAAAATZ
HAHA!

ICH MUSS MIT GUILE STÄRKER WERDEN, DAMIT ICH NICHT DEN NAGE-HAME NUTZEN MUSS …
DAS NÄCHSTE MAL WERD ICH ALS EBENBÜRTIGER GEGNER KÄMPFEN …

HI SCORE GIRL

IHR GLÜCKLICHEN! IHR DÜRFT SNACKS FÜR BIS ZU 500 YEN MITNEHMEN!
SEI NICHT SO GEIZIG!
10.000 YEN WÄREN GUT!
VERSAMMELT EUCH FÜR DEN AUSFLUG MORGEN UM 7:40 UHR IM HOF! KOMMT NICHT ZU SPÄT!
300 YEN REICHEN DOCH FÜR SNACKS ...
... UND DIE RESTLICHEN 200 VERSCHWINDEN IM AUTOMATEN!
SPECIAL CREDIT
AH!

AKIRA SCHON WIEDER!
DIE TREFF ICH STÄNDIG IM SÜSSWAREN-LADEN!
ICH FRAG MICH, WO DIE ANDEREN AUS UNSERER KLASSE IHREN SÜSSKRAM KAUFEN?
AKIRA UND ICH SIND WOHL DIE EINZIGEN, DIE IN SO EINEN LADEN GEHEN WÜRDEN …
IM SÜSS-WAREN-LADEN KANN MAN ALLES MÖGLICHE FÜR 300 YEN KAUFEN.
DIE PREISE SIND NIEDRIG UND DIE AUSWAHL GROSS.
UND ES GIBT HIER VIELES, DAS SICH ALS GUT ODER SCHLECHT HERAUSSTELLEN KANN. ABER AM ENDE IST MAN IMMER ZUFRIEDEN!
*MOCHITARO = REISPUFFS **KIBIDANGO = SÜSSE REISKUCHEN ***RAMEN BABAA = SNACK, DER UNGEKOCHTEN INSTANT-RAMEN ÄHNELT.
ICH KAUF MOCHITARO* UND KIBIDAN-GO** …
… RAMEN BABAA*** UND TARATARA SHITENJA-NEEYO**** …
… UND MEIN ALLER-LIEBSTES ZEUG …
****TARATARA SHITENJANEEYO = TINTENFISCHSNACK
EINGELEGTE PFLAUMEN …
AH!

HEY ...
MAGST DU DIE AUCH, AKIRA?
NICK
コク
DAS SIND DIE LETZTEN.
WIR HABEN FAST GLEICHZEITIG DANACH GEGRIFFEN ...
BIST DU SO EINE, DIE DEN SAFT TRINKT?
WUPP
グッ
Strohhalm
ODER FRIERST DU SIE EIN UND ISST SIE DANN?
DU ISST DIE GEFROREN?
AAALSO, ICH TRINK'S, DARUM SOLLTEST DU SIE MIR ÜBERLASSEN!
WÄR DOCH SINNLOS, WENN DU SIE EINFRIERST UND MORGEN ZUM AUSFLUG MITBRINGST?
ICH WERD DIE IN EINE MIT EIS GEFÜLLTE THERMOSKANNE HAUEN UND DANN MITNEHMEN!
IST AUCH AMÜSANT, DIE EISKALTEN PFLAUMEN IN EINEM ZUG EINZUSAUGEN UND DARAN FAST ZU ERSTICKEN!
UHAAH... GAAH
ぶはぁ げほぉ

STARRRR
DU WILLST SIE MIR NICHT GEBEN?
GUT, DANN LASS UNS DARUM KÄMP-FEN!
GEGEN-EINANDER IN EINEM FIGHTING-GAME!
… WÜRDE ICH GERN, HIER GIBT'S ABER NUR „DOUBLE DRAGON".
*KAMPFSPIEL GEGEN MEHRERE GEGNER
„DOUBLE DRAGON" IST EIN BEAT 'EM UP*.
MAN KANN ZU ZWEIT IN EINEM TEAM SPIELEN!
ALSO, WIE KLÄREN WIR DANN UNSER PROBLEM?
WIR WERDEN'S HERAUS-FINDEN, NACHDEM WIR DEN ENDBOSS BESIEGT HABEN …
LASS UNS ERST MAL ZUSAMMEN SPIELEN!

SIE IST VOLL UND GANZ DABEI …
1P Akira
2P Haruo
ALSO LOS. DIE FRAU WURDE ENTFÜHRT, LET'S GO!
AKIRA, IN „FINAL FIGHT" BIST DU JA SUPER …
… ABER „DOUBLE DRAGON" HAST DU BISHER KAUM GEZOCKT, ODER?
IM SPIEL KÖNNEN SICH DIE SPIELER SCHADEN ZUFÜGEN.
BAFF BAFF
UND KAUM HAB ICH'S GESAGT … AUTSCH!

DAS WÄRE 'NE MÖGLICHKEIT FÜR UNSEREN WETTKAMPF ...
... ABER DIE MACHT KEINEN SPASS!
DAS IST JEDENFALLS NICHT DER SCHAUPLATZ, AN DEM DIE ENTSCHEIDUNG FÄLLT.
ZIEMLICH ...
BAFF
... SCHWIERIGE STEUERUNG, ODER?
IST AUCH SCHWER, DIE DISTANZ ZUM GEGNER EINZUSCHÄTZEN UND HEIL-ITEMS GIBT'S AUCH NICHT.
DAS IST EINS DIESER SPIELE, DIE SICH EINES ZIEMLICH HOHEN SCHWIERIGKEITSGRADS RÜHMEN.
ICH HAB'S AUCH NIE DURCHGESPIELT.
ABER MIT DIR ZUSAMMEN WIRD SICH DIESER TRAUM VIELLEICHT ERFÜLLEN!
BAMM BAMM
HEY, HEYYY!
DU LIEBST ES WOHL, MIR IN SPIELEN PROBLEME ZU MACHEN?

HEY, HEY, HEYYY!
DAS IST JEFF, DER BOSS VOM 2. LEVEL! HÖR AUF, IHM ZU HELFEN!
BA-BAFF
ACH, MANN!
ICH BIN TOT!
WARUM BIST DU SO UNKOO-PERATIV?!
ICH WÄHL „CONTINUE", ALSO MACH DAS AUCH, WENN DU STIRBST!
ZUM GLÜCK HIESS ES NICHT, DASS MAN DAS MATCH VERLIERT, WENN MAN ZUERST STIRBT!
DIE BRÜCKE, DIE MAN IN LEVEL 3 SPRINGEND ÜBERQUEREN MUSS, IST 'NE KNIFFLIGE STELLE!
UND WENN DU DAS GE-SCHAFFT HAST, LAUERT EIN SCHWAR-ZER ABOBO AUF DICH!
IMMER WENN ICH'S ALLEIN SPIELE, STERBE ICH AN DIESER STELLE!

WENN DU INS WASSER FÄLLST UND DANN MIT EINEM CONTINUE WIEDERBELEBT WIRST, WIRST DU SOFORT VOM ABOBO GETÖTET!
'NE BÖSE STELLE, AN DER DU IN DREI SEKUNDEN 50 YEN VERLIEREN KANNST …
DIE BEIDEN ABOBOS IN DER MITTE VON LEVEL 3 …
… UND DER BOSS VOM 3. LEVEL, DER GRÜNE ABOBO …
ABOBO! ABOBO!
EIN STURM-ANGRIFF DER ABOBOS! IHRE BLOSSE ANWESENHEIT IST SCHON TRAUMATISCH!
ABO…
BONG
AUAAAA!
WAS ZUM …?!
HAT DICH DAS „ABOBO, ABOBO" GENERVT?!
DU MUSST DA DOCH NICHT GLEICH GEWALTTÄTIG WERDEN!
Nimm das! Ellenbogen-Schlag!
BAFF

WUPP
OH-OH!
JETZT MUSS ICH GLEICHZEITIG WEGEN DER ATTACKEN VON ABOBO UND DIR AUFPASSEN!!
ABO-BO!
ABO-BO!
GRRRR
NA ENDLICH … DAS LETZTE LEVEL, DAS HAUPTQUARTIER DER BLACK WARRIORS!
WAMM
WAND-BLÖCKE, DIE SICH PLÖTZLICH VORSCHIE-BEN …
… UND DIE MINOTAURUS-STATUEN … WENN MAN VON IHNEN GETROFFEN WIRD, STIRBT MAN SOFORT!
UND DANN NOCH DER KAMPF GEGEN ZWEI SCHWARZE ABOBOS AN EINER UNGÜNSTIGEN STELLE!
BEI DIESEN STÄNDIGEN SCHWIERIG-KEITEN GERÄT MAN ECHT INS SCHWITZEN, ABER WENN MAN SIE ÜBER-WUNDEN HAT …
HAAH
HFF
HFF
… KOMMT MAN ENDLICH ZUM FINALEN KAMPF GEGEN WILLY, DEN ENDBOSS!!

WENN IM SPIEL DIE GEGNERZAHL ZUNIMMT, WIRD DAS SPIEL TOTAL LANGSAM!
ICH FRAG MICH, OB'S AM SPIEL SELBST LIEGT?
ABER SELBST WENN ES „LANGSAM" IST, NÜTZT DIR DAS BEIM GEWEHR DES ENDBOSSES NICHTS ...
W...
WIR HABEN GANZ KNAPP GE-WONNEN ...
ABER ...
... WENN MAN WILLY BESIEGT HAT, WAR'S DAS NOCH NICHT!
TIME 30
DAS HIER IST DER ECHTE END-KAMPF!!
LET,S FIGHT
1PLAYER VS 2PLAYE
DIE SPIELER KÄMPFEN GEGENEINANDER UM DIE ENT-FÜHRTE MARIAN!

DIE BRÜDER KÄMPFEN UM EINE FRAU UND WIR UM EINGELEGTE PFLAUMEN.
DAS IST DOCH DER PERFEKTE SCHAUPLATZ, UM ALLES ZU REGELN!
EGAL WELCHEN WETTKAMPF ICH MIT AKIRA FÜHREN WÜRDE, ICH DENK NICHT, DASS ICH GEWINNEN KÖNNTE.
ICH KANN SCHON SEHEN, WIE EIN WETT-RENNEN ENDEN WÜRDE …
WENN WIR DIE FÄUSTE SPRECHEN LASSEN WÜRDEN, WÜRDE ICH EISKALT ZU BODEN GEHEN …
… UND AUCH IN EINEM SF-II-KAMPF …
… WÜRDE MICH GUILE NICHT ZUM SIEG FÜHREN KÖNNEN.
Such die Schuld nicht bei anderen!
ABER BEI DIESEM MATCH KÖNNTE ICH …

ELLEN-
BOGEN-
SCHLAG!
BOFF
UND
WENN
DU AUF-
STEHST
...
BOFF
... ELLEN-
BOGEN-
SCHLAG!
WIE
FINDEST
DU DAS, DU
ARSCH?!
DIESE ATTACKE
TRIFFT DICH ZIEMLICH
SICHER! WENN SIE
MIT PERFEKTEM
TIMING AUSGEFÜHRT
WIRD, WÄHREND DU
AUFSTEHST, KANNST
DU NIX MEHR MACHEN!
DU
STEHST
AUF ...
UND
ELLEN-
BOGEN-
SCHLAG!
BOFF
DU
STEHST
AUF ...
UND
ELLEN-
BOGEN-
SCHLAG!
BOFF
WUPP
UUPS,
VOR-
SICHT!!
DAS
IST EIN
ECHTER
ELLEN-
BOGEN-
SCHLAG!

DU STEHST AUF …
… UND ELLENBOGEN!
YAAAY!
NA, AKIRA?
むむむむ
GRRRRRR
ICH HAB VIELLEICHT DAMIT ÜBERTRIEBEN, ABER AM ENDE HAB ICH JA DEN SIEG AN MICH GERISSEN!
…
DEN BESIEGTEN BRUDER HAT'S JA VOLL ERWISCHT! ER HAT SEIN BESTES GEGEBEN …
… WIRD DANN VON SEINEM BRUDER VERPRÜGELT UND IHM WIRD DIE FRAU WEGGESCHNAPPT!
EIS

ICH WUNDER MICH JETZT NICHT WIRKLICH, ABER …
… WIR HABEN UNSER GANZES GELD FÜR DIE STÄNDIGEN CONTINUES AUSGEGEBEN!
HAT MIR ABER NICHT VIEL AUSGEMACHT, DASS ICH KEINE SÜSSIGKEITEN MEHR KAUFEN KONNTE.
ABGESEHEN DAVON BIN ICH TOTAL FROH, DASS ICH IM ZWEI-SPIELER-MODUS „DOUBLE DRAGON" DURCHSPIELEN KONNTE.
DEN FINALEN KAMPF ZWISCHEN DEN BRÜDERN WOLLTE ICH IMMER MAL SPIELEN!
ICH HAB DIR DAS AUFGEDRÜCKT. TUT MIR LEID.
ALSO HABEN WIR BEIDE KEINE SNACKS FÜR DEN AUSFLUG MORGEN …

DER AUSFLUG IM GENJIYAMA PARK
HEYYY!
ZEIT FÜR UNSERE SNACKS!
SNACKS! ♬
SNACKS! ♬
ZEIT FÜR SNACKS! ♬
BEI MIR IST DAS JA ANDERS …
… ABER DU HAST REICHE ELTERN UND HAST TROTZDEM BLOSS 500 YEN BEKOMMEN?
SCHEINT AUCH KEINE FAMILIE ZU SEIN, DIE BEI SOWAS SPENDABEL WÄRE …
DA HAB ICH ECHT MIST GEBAUT …
SOLL ICH IHR NÄCHSTES MAL PFLAUMEN AUSGEBEN?
OH NEIN, AKIRA!
HAST DU KEINE SÜSSIGKEITEN MITGEBRACHT?!
HAST DU SIE ETWA ZU HAUSE GELASSEN?!

*FUGASHI = WEIZENSNACK

HI SCORE GIRL

HI SCORE GIRL

CREDIT 6 – BONUSSEITEN (WAS SONST NOCH NACH DER 14. SEITE GESCHAH)

スタッ
PLOPP
ICH MUSS IHN MIT MEINEN EIGENEN AUGEN SEHEN, DIESEN MOMENT, WENN MEIN SOHN ERWACHSEN WIRD ...
UWAHHH!

CREDIT 7 – BONUSSEITEN (WAS SONST NOCH NACH DER 24. SEITE GESCHAH)

STOPP!

STOPP! DIES IST DIE LETZTE SEITE!

HI SCORE GIRL ist ein Manga, und einen japanischen Comic liest man von hinten nach vorne. Auch die Lesereihenfolge der Bilder und Sprechblasen auf den Seiten ist anders als gewohnt: von rechts oben nach links unten.

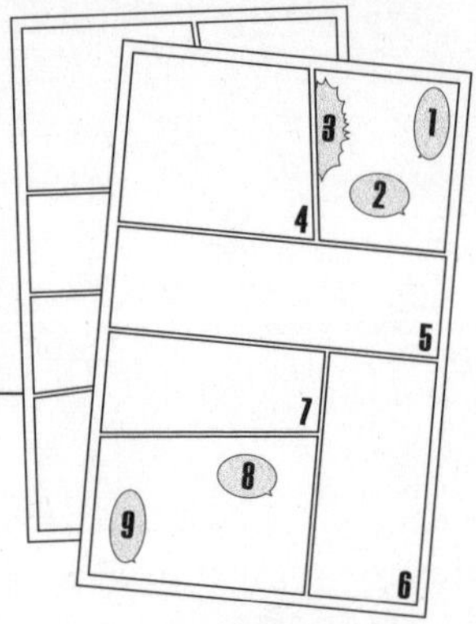

HI SCORE GIRL 1

von

Rensuke Oshikiri

1. Auflage, 2020
Deutsche Ausgabe/German Edition

Aus dem Japanischen von Sascha Mandler

HI SCORE GIRL CONTINUE Vol. 1

Programmleitung: Michael Schuster & Lea Heidenreich
Redaktion: Lea Heidenreich & Alexandra Grimsehl
Lektorat: Christof Bango
Layout und Lettering: Manga Cult, Datagrafix GSP GmbH, Berlin
Druck: GGP Media GmbH, Poessneck

Print-ISBN: 978-3-96433-254-7

www.manga-cult.de | März 2020